十《スーパー》二《アニマル》支《ミステリー》外《ツアー》伝

福井栄一

工作舎

「十二類巻物」より
反十二支軍の陣営

まえがき

十二支の奇談を集めた『十二支妖異譚』（工作舎 2020）を上梓して以来、安眠出来たことがない。狐、狸、鹿、熊など、十二支の選から漏れた動物たちが、夜な夜な、入れ代わり立ち代わり私の夢枕に現れて、「十二支の奴等《やつら》にばかりいい顔をして、俺たちの話は書かないつもりか。それで済むと思うのか」と責め苛《さいな》むからだ。

何せこちらは一人。抗おうにも、多勢に無勢である。

そこで再び古典文学の大海を博捜《はくそう》し、十二支以外の動物たちの怪異譚を集めてみた。

わざわざ自ら夢告しに来るだけあって、彼等の登場する話もまた、妖しく、美しい。

そして時に愉しく、時に哀しい。

「なんだ、俺たちの話を読まないつもりか」と彼らの矛先があなたへ向かないうちに、どうか一篇でも二篇でも、お目通し下さい。

上方文化評論家　福井栄一

目次

猫の章

里獣の章

熊狼の章

狐狸の章

蹄獣の章

海獣の章

歌川国芳
「鼠よけの猫」

猫の章

中村惕斎「訓蒙図彙」(1666)より

ねこ――猫

◎**膳を跳び越えた猫――「楽郊紀聞」巻之五**

渡嶋家で飼っていた鶏が、この数日、宵鳴きを止めないので、

「縁起が悪いこと、この上ない」

と当主は怒り、夷崎《えびすざき》の海に沈めてしまった。

憐れんだ子どもたちがすぐに助け上げてやったが、すでに死んでいたので、海岸寺の裏門の辺《あた》りに捨て置いた。

その夜、海岸寺の住職の夢に朱冠黄衣《しゅかんこうい》の者が現れて、こう告げた。

「私は渡嶋家で養われていた者です。あそこの飼い猫は近々、家人を害する腹づもりでいます。それを知らせようと宵鳴きしたのですが、事情を悟れぬ当主に不吉であると咎《とが》められ、命を奪われてしまいました。

確か貴寺は渡嶋家の檀那寺。明日は忌日の法要で、あの家へお出ましになるはず。どうか、その折には家人に私の申したことを告げて頂き、飼い猫の挙動にはくれぐれも用心なされて下さいませ」

夜が明けると、さっそく迎えが来て、住職は渡嶋家へ出向いた。

ただ、あまりにも突拍子もない話であるし、単に寝ぼけていただけかもしれないなどと思いあぐね、例の夢告のことは黙ったまま、とりあえず法要を始めた。家中に、別段、変わった様子もなかった。

やがて法要が滞《とどこお》りなく済むと、斎《とき》の膳が出た。

一同がそれぞれの膳の前に座して食べ始めようとした時、飼い猫がふらりと現れ、その家の娘の膳上をひょいと跳び越えた。

はっとした住職は、当主に、

「その膳に箸をつけてはならぬ。検《あらた》めてみられよ」

と言った。

怪訝《けげん》に思った当主がさっそく調べてみたところ、椀に入った汁の底に、小さな青蛙が一匹沈んでいた。

そこで、辺りをうろついていた野良犬を呼び寄せて、試しにその青蛙を喰わせてみた。

すると……

犬はその場で悶絶して死んでしまった。

住職は、

「実は……」

と、昨夜の夢告の内容を告げた。

当主は驚き、すぐさま飼い猫をひっ捕らえて、打ち殺した。

そして、

「鶏の忠義に気づかず、酷いことをしてしまった」

と大いに悔い、鶏の死骸を拾って来て海岸寺の境内に埋め、塚を築いてやった。それが今も残る鶏塚である。

◎**住吉大社と猫**――「宅山石初篇」巻之四

住吉大社の社前を横切った猫は、以後、鼠を捕らなくなるという。

それ故、猫を連れたまま所用でどうしても住吉大社の傍《そば》を通らねばならない時は、相当遠回りして、社の背後の道を辿るほかない。

◎**猫稲荷**――「浪華百事談」巻之八

南長堀《ながほり》かつを座橋南詰《みなみづめ》近くの人家の裏に、小さな稲荷祠《いなりし》がある。

世人はこれを「猫稲荷」と呼んでいる。

飼い猫が急にいなくなった折、この祠《ほこら》に願をかければ、ほどなく無事に家へ戻って来るという。

なお、願ほどきの際には、小さな猫の土人形を奉納するのが慣《なら》わしである。それ故、祠の内には、様々な姿形の猫人形がひしめいている。

この人形のひとつを借り受けて家へ置いておくと、鼠除けになるらしい。

◎船の猫——「愚雑俎」巻之三

大きな船には沢山の鼠が棲む。

昔、仏教の経典が舶来した折、鼠の害を防ぐために猫が乗せられて来た。以後、猫は経典の守護役とされたから、四天王寺太子堂の門には猫の彫像が配され、東寺の外構《そとがまえ》にも彫りつけられている。こうして渡来した猫の末裔は唐猫《からねこ》と呼ばれ、源氏物語などにも登場する。今、京都で見られる猫もほとんどは唐猫であろう。

これに対し、大坂で飼われているものには、和種《わしゅ》が多い。

尾を見れば、両者を見分けられる。

長いのは唐猫、短いのは和種だ。

◎**猫を狂わせる術**――「三余叢談」巻之三

隣家に、伊豆新島から越してきた童がいた。

ある日、童は、垣根の下で居眠りする猫を見つけると、息を大きく吐いたり吸ったりした。すると、ほどなく猫が狂乱して暴れ出した。

これを傍《かたわ》らで見ていた人が驚き、

「おい坊主、そりゃあ、一体、何の術だ?」

と訊いたところ、

「この術は猫だけじゃなく、他の獣にも効くんだぜ。寝ている獣を見つけたら、起こさないようにそっと近づき、相手が寝息を吸ったらこっちは息を吐き、向こうが吐いたらこっちは吸うんだ。そうやって、息を五度合わせられたら、しめたもんさ。獣は必ず狂い出すよ。

五度になる前に向こうが目を覚まして逃げたら、術は効かない。

こっちがしばらく息を止めたら、術は破れて、向こうは元通りになるんだよ」

狐狸が人に憑いて狂乱させるのも、ひょっとしたら同じような術を使っているのかもしれない。

◎**猫と鼠**――「**譚海**」**巻之十三**

鼠に咬まれたら、猫の涎《よだれ》を塗ると治るという。

猫の鼻先へ擦《す》った生姜を塗りつけたら涎を流すから、それを取る。

なお、猫の毛を黒焼きにして貼り付けるのもよいらしい。

◎**猫と雀**――「**中陵漫録**」**巻之六**

安永年間(1772–81)。常州の某家では猫と雀を飼っていた。

猫と雀は仲が良く、互いにじゃれ合いながら愉しく暮らしていた。

ところがある日、どこからか鼬《いたち》が来て、その雀を喰って逃げた。

猫は激怒し、方々を捜し回ってようやくのことで仇《かたき》の鼬を見つけ、これを仕留めた。

そして、その遺骸を引きずって来て、飼い主へ見せたという。

◎猫を育てる（一）──「閑度雑談」中巻

ある医師の飼い猫が数匹の仔を産んだが、直ぐに姿を消してしまった。

仔猫は乳欲しさに、しきりに鳴く。

困った医師は、飼っていた牝犬の乳房に、一匹の仔猫を恐る恐る近付けてみた。

すると……。

仔猫は相手を母猫と思ったのか、乳に取りついた。

犬は犬で、嫌がるでもなく、じっとして乳を飲ませてやっていた。そればかりか、他の数匹の仔猫も含め、まるで我が子のように世話を焼いてやるのだった。

医師は嬉しいやら感激するやら、これまで以上に犬と仔猫たちを可愛がった。

さて、しばらくすると仔猫たちは乳離れし、普通の餌を食べられるようになった。その後も順調に成長し、今や立派な成獣である。

ちなみに、ある人がその猫たちを見て、

「不思議だ。こいつらは猫なのに、顔がなんだか犬みたい」

と言った。

そう言われてはっとした医師が改めて見ると、確かに彼らの顔には、どことなく犬の面影があるように思われた。

◎**猫を育てる(二)**——「中陵漫録」巻之九

某婦人は仔猫を飼っていたが、身体が小さいのを憂い、己の乳を飲ませて大きくしたという。蝦夷の婦人が仔熊に己の乳を飲ませて育てる話を彷彿《ほうふつ》とさせる。

◎**猫と僧**——「中陵漫録」巻之十之三

遠州宝蔵寺の僧の正体は老猫だという。この僧が諸獣に仏法を説くというのだから驚きだ。

◎**柳行李の中身**——「中陵漫録」巻之十四

あるところに一人暮らしの老婆がいた。

この三十年間、猫を飼わなかった日はなかった。飼っていた猫が何らかの理由で死ぬと、小さな柳行李へ入れて、棚の上へ置いた。そして、毎日それを降ろしてきては、開けてしげしげ眺め、蓋を閉めてまた棚へ上げた。老婆が最期を看取《みと》った猫は相当の数にのぼるから、柳行李の数も多かった。

その後、老婆は、故あって他人《ひと》の手にかかり、死んだという。白髪を振り乱したその顔は、猫そっくりだった。

◎**猫の疫病**――「一話一言」巻第十六

某年五月、江戸では猫の疫病がはやった。原因は分からないが、罹《かか》ると、二、三日で口から泡を吹いて死んでいく。

本所回向院《えこういん》には、昔から、犬猫を葬《ほうむ》った墓があった。犬畜生転生門、猫畜生転生門などと記した墓まであるのが可笑しい。この疫病騒ぎで、今年に入ってからすでに六百匹以上の猫を葬ったという。

ただ、この寺の習いとして、「猫」の語を出すと受け付けてもらえない。「ゐのころを葬ってやってくれ」と言い直すと、初めて弔《とむら》ってくれる。

ちなみに、蝶塚というのもある。胡蝶を葬ったものだろうか。建立の年月日や由緒も記されていないので、確かなことは分からない。

◎**猫の画**――「一話一言」巻第十六

天明の頃であったか、白仙という画僧がいた。齢は六十を超えていただろう。出羽秋田に「猫の宮」と呼ばれる神社があるのだが、祈願することがあったとみえて、猫・虎一枚ずつ画を描いて奉納した。

みずから「猫描き」と称し、描くのは猫と虎ばかりだった。絵筆を携え、「猫描こう、猫描こう」と声を上げながら江戸の町々を浮かれ歩いた。面白がった人が家へ呼び入れて描いてもらうと、実に見事な猫の画をものし、ごく僅《わず》かな価をとって去って行った。

その画を見ると、鼠が逃げたという。

上野山下の茶屋の壁に虎を描いた話も、よく知られている。

ただ、最近は姿を見ない。

◎異形の猫――「塩尻」巻之三十四

某所某家に飼われていた猫が、ある日、異形の子を産んだ。

頭が二つ、足が六本、尾が二本で、毛は灰色であった。

生まれると直《す》ぐに死んだという。

◎雪山の大猫――「北越雪譜」初編巻之下

ある年の二月、七人の樵《きこり》が雪深い山中で木を伐《き》っていると、突然、山々を揺るがすような大きな鳴き声が辺りに響いた。猫の声だった。皆は慄《おのの》いてすぐさま山小屋へ駆け込み、手に手に斧を握り締めて耳を澄ませた。

例の声は、近くで聞こえたかと思うと遠ざかり、遠くで去ったかと思うと急に小屋へ近づいたりした。最初は数匹の猫がいるのかと思ったが、どうやら一匹らしかった。しかし、姿が見えない。

しばらくすると啼《な》き声が止んだので、皆は恐る恐る小屋を出て、最後に声が聞こえたあたりへ行ってみた。

すると……。

雪にさきほどの猫の足跡が残っていた。

その大きさは、円い盆くらいあったという。

◎神竜寺猫――「塩尻拾遺」巻之百二十

昔、神竜寺に一匹の猫が飼われていた。

外へ出掛けては度々迷子になるので、捜しに出るのが煩《わずら》わしいと思った僧は、

「神竜寺猫」

と書いた紙を丸めて筒にした上で、猫の首へくくりつけておいた。

しばらくするとこの猫が死んだので、僧は憐れんで丁重に埋葬し、読経して菩提を弔ってやった。

その後、某村で女児が産まれた。

背中に「神竜寺猫」の文字が黒く浮かんだ。洗っても洗っても消えない。書かれた意味もよく分からない。

家人は怪しんで、方々を尋《たず》ねまわった。

やがて神竜寺の猫の一件を聞き知り、大いに驚いた。

おそらく、かの猫が回向《えこう》によって女児に生まれ変わったのだろう。

◎**猫又**——**「徒然草」第八十九段**
行願寺の近所に、連歌好きの僧が住んでいた。

人々が「奥山には猫又なる妖猫が棲んでいて、人を喰らうそうな」「いやいや奥山だけの話で

はなく、ここらの猫だって年を経れば猫又と化して、人を襲うこともあるさ」などと噂するたび、

「わしのように独り歩きすることが多い者は、なおのこと用心せねばならんな」

と思っていた折も折、連歌の会で帰りが遅くなり、夜更けに小川の傍を歩いていると、例の猫又がつつつつと足元へ寄って来て、喉元を狙ったものか、首の辺りへ飛びついて来た。

あまりに突然のことで抗することも出来ず、僧は恐怖でのけぞるあまりに小川へ落ち込み、

「猫又だ、猫又が出た。誰か助けてくれ、誰か、誰か……」

と助けを求めた。

叫び声を聞きつけ、近隣の者たちが松明《たいまつ》を片手にすっ飛んで来た。見れば顔見知りの僧が小川にはまり込んでいるので、慌てて抱き起して岸へ上げた。僧の懐中には連歌の会で貰った扇や小箱が入っていたが、どれもこれも水びたしで、すっかり駄目になってしまった。

ただ、この際、贅沢は言っていられない。

「やれやれ、何とか助かったわい。九死に一生を得たとはこのことじゃ」

と、僧はほうほうの体《てい》で帰宅した。

ちなみに……。

「つれつれ草繪抄」より猫又

僧に飛びついたものの正体は、実は猫又ではなかった。

僧の飼い犬が、暗がりながらも主人が帰って来たと分かって、喜んで飛びついたのであった。

◎猫と金物《かなもの》――「燕石雑志」巻之五（上）

猫は病むと吐く。

その折は、魚肉に銅の杓子の削り滓《かす》を混ぜて喰わせると、すぐに本復する。

なお、猫は鉄を忌む。

従って、飯に魚骨を和《あ》えて餌を作る時、鉄火箸《かなひばし》を常用すると、猫は長生き出来ない。

◎猫の挨拶――「想山著聞奇集」巻之二

羽島某の家には、長年、白黒ぶちの猫が飼われていた。

天保六年（1835）の秋のこと。

主人が部屋で佇《たたず》んでいる時、障子の向こうの縁側で、誰かが、

「やあ、来たな」

と言い、それに応えるように隣家の猫が、

「にゃあ」

と鳴いた。

主人が障子を開けてみると、縁側にいたのは我が猫だけで、他に人影はなかった。

主人は猫がものを言ったと悟ったが、雅量あふれる人物だったので、そのことは他の誰にも告げずにおいた。

数日後、来客があった。

その者の横に隣家の猫がいつの間にか寄って来て、

「にゃあ」

と鳴くと、障子の向こうで、

「なんだ、また来たのか」

と声がした。

客がびっくりして障子を開けると、当家の猫がきょとんとした顔でこちらを見ていた。この一事で客も当家の猫がものを言うと悟り、主人に告げた。主人は、

「実は、この間、私も聞いたのですよ」

と苦笑いするばかりだった。

それから一年程して、猫は死んだ。老衰だった。

◎礼儀正しい猫――「谷の響き」一之巻

文化年間（1804–18）のはなしである。

伊藤某は猫を飼い、慈《いつく》しんでいた。

十月の夜。外ではいつになく烈風が吹き荒れ、落葉が雨のごとく舞い散っていた。

某が、自室で燈火を頼りに読書に勤《いそ》しんでいると、畳二畳ばかり隔てた向こうに飼い猫が座り、手をつかえて、

「さぞ、お寂しくていらっしゃるでしょう」

と、人間の言葉で某へ声を掛けた。

某は猫をきっと睨《にら》み、

「飼い主の心情を慮《おもんぱか》って、よくぞ言葉を発してくれた。かくなる上は、共に語り合おう。もっと近くへ来るがよい」

と応えた。

すると、猫はしばらくの間、某の顔を凝視していたが、やがて身を起こしてその場を去り、二

「想山著聞奇集」より
ものを言う猫

度と姿を現わさなかった。

◎**老母の正体——「耳嚢」巻之二**

昔から、年を経た妖猫が老母を喰い殺してこれになりすますという話をよく耳にする。

それについては、こんな出来事もあった。

ある時、老母が妖猫の正体を顕《あらわ》したというので、男が、

「母上を喰い殺して化けたに相違ない。親の仇だ」

と叫んで斬りつけ、息の根を止めた。

ところが、死ぬと見るや、その姿がみるみる母へと変わっていく。

男は、

「妖猫と思って斬り殺したが、まさか本物の母だったのではあるまいか」

と当惑し、

「思い違いで実の親を手にかけたとは、不孝中の不孝。腹かっさばいて亡き母に詫びようと思うので、立ち会いをお願いしたい」

と親戚筋へ頼み込んだ。

すると、ある人がやって来て、

「命をお捨てになるのはいつでも出来ましょうから、あせらずにしばしお待ちなされ。妖猫の術は実に怖ろしく、死してなお、直ぐには本性を顕さないと申しますぞ。もう少し様子を見られるのが宜《よろ》しかろう」

と忠告した。

そこで、言われた通り、いましばらく老母の死骸を注視していると、夜半にかけて徐々に母の姿が消え、ついには妖猫の姿へ変じた。

「あのまま腹を切っていたら、文字通りの犬死で、恥の上塗りになるところであった」

と、某は嘆息した。

◎猫か人か——「耳嚢」巻之二

駒込に住む同心・某がある日、昼寝をしていると、鰯《いわし》売りが界隈にやって来た。

すると、某の老母がいくばくかの銭を握りしめて鰯売りを呼びとめ、

「この通り、銭ならあるから、持って来た鰯を全部おくれ」

と言った。

鰯売りは老母の銭をちらりと見たが、まったくお話しにならない額であったので、

「ご勘弁ください。それでは全く足りません」

と恐る恐る申し上げたところ、

「残らず買うといったら買うのじゃ」

と激昂したその顔はまさしく猫と変じ、口は大きく耳まで裂け、振り上げた手も猫そっくりであった。

仰天した鰯売りは、荷を放り出して、その場から逃げ去った。

物音を聞きつけた某が駆けつけると、老母の姿は化け猫そのものであった。某は、

「さては妖猫が母上にとり憑いたか。口惜しきかな」

と叫び、抜刀してさんざんに斬り殺した。

近所の者が走り来た時には、某が血刀を手に立ちすくんでおり、足元には老母が斬られて死んでいた。その姿はまぎれもなく人間であった。

やがて鰯売りが荷を取りに戻って来たので、某とあわせて糾したところ、二人とも、確かに化け猫であったと言い張った。

しかし、転がっている死体は、顔も四肢も老母に相違ない。

「是非もなし」

と、某はその場で自害して果てたという。

◎**猫の年期**――「耳嚢」巻之四

ある寺に、一匹の猫が飼われていた。

庭に下りて遊ぶ鳩をじっと睨んでつけ狙っている風情だったので、和尚が鳩をわざと追い散らして逃がしてやったところ、猫は、

「残念なり」

と声を出した。

猫がものを言ったことに和尚は驚愕し、お勝手の方へ逃げたのを捕らえて押さえ込み、小刀を突きつけて、こう言った。

「畜生の分際で人語を発するとは、奇っ怪至極だ。さだめし人間を化かし、害しているのであろう。物が言えるのであれば、素直に白状せよ。さもなくば、わしは殺生戒を破り、この場でお前を刺し殺すぞ」

するとは猫が言うには、

「物を言う猫は、なにも私に限りません。それに十余年も生き長らえていれば、どんな猫だって話せるようになります。更に十四、五年も経てば、神変を得て通力自在になりますよ。ただし、そこまで長生きした猫は今までおりませんがね」

これを聞いて、和尚は問うた。

「確かお前はまだ十歳には満たないはず。なのに、どうして話せるのか」

猫が答えて曰く、

「狐と交わって産まれた猫は、十年を経ずして話せるようになるのです」

こう言われて、和尚は、

「なるほど、そうであったか。お前が人語を発したことは、幸い私しか知らぬ。どうだ、このことはわしらの間での秘密にして、お前は今まで通り、この寺で暮らさぬか」

と持ちかけたが、猫は和尚に三拝すると、ぷいと寺を出て行き、二度と戻って来なかった。

◎八年前に死んだ猫——「耳嚢」巻之十

同心・某の妻は大の猫好きで、常々、三、四匹も飼って可愛がっていたが、数年前から体調を崩し、昨年の冬あたりからは、猫のようなしぐさばかりするようになった。更に今春からは、物の

喰い方まで猫そっくりになってしまった。看病人もこれにはお手上げで、

「猫に憑かれているに違いない」

と言い出すので、半信半疑ながら、外から人を呼んで加持祈祷《かじきとう》をしてもらったが、全く効果がなかった。

ただ、病人が狂躁のさなかに、

「我は、八年ほど前に当家で飼われていた猫なり」

と口走ったので、某は怒った。

「汝は我等に殺されたのではなく、庭で犬に咬み殺されて死んだはず。にもかかわらず、生前、このほか可愛がってくれた妻に憑くとは納得がいかぬ」

すると、猫の霊が言うには、

「あの折にご当家で可愛がられ過ぎて、離れ難くなってしまったのです。しかも、いまここに飼われている猫の中には私の子も混じっているため、なおのこと執着してしまいます」

これを聞いた某が、今度は日光の社家に依頼して、蟇目《ひきめ》の修法をおこなってもらったところ、病人はまた狂乱して、こう告げた。

「前垂に包まれた私の遺骸は、この家の庭の隅に埋められたままです。どうか掘り出して、川へ流して下さい」

そこで庭を掘り返すと、八年前に埋めた猫の死骸が出てきた。

奇妙なことに、遺骸は腐らずに綺麗なままで、まるでついさっき死んだばかりのようだった。

某は言われた通り、猫の死骸を川へ流してやった。

そして、飼っていた猫どもは、残らず捨ててしまったという。

◎**踊る猫**――「甲子夜話」巻之一

夜、ある男が寝床で目を覚ました。

枕元で何やら物音がする。

見れば、長らく飼っている猫が、首に手拭いを引っ掛けて後ろ脚で立ち、前脚を上げて子どものように無邪気に舞い踊っていた。

男が枕刀を抜いて斬ろうとすると、猫は驚いて逃げ去り、そのまま戻って来なかったという。

◎**奥州の猫**――「甲子夜話」巻之二十

奥州には、数こそ少ないが、紫色の毛の猫がいる。藤花のように鮮やかな紫である。長年人家で飼われていた老猫が、山中へ入ってこの姿へ化《げ》したものと言われている。

◎**山の禁忌**――「甲子夜話」巻之二十三

平戸安満岳《やすまんだけ》には禁忌が多い。

例えば、ここの山神は猫を忌むので、猫にかかわる事柄はすべてご法度である。猫を山へ連れて行くのは勿論、山中で猫の鳴き声を真似るのもいけない。三味線を弾く者も祟られる。猫の皮が張ってあるからである。

◎**猫が陰門を咬む**――「甲子夜話」巻之五十七

ある婦人が家にいた折、猫に追われた鼠が婦人の裾へ逃げ入り、衣の中を這い上がったかと思うと、懐から外へ出て、そのまま逃げ去った。

猫も続けて衣の中に入ったが、鼠と間違えたのか、いきなり陰部に噛みついた。

婦人は泣き叫んで暴れ、何とか引き剥がしたが、重傷を負ったという。

◎猫が陰茎を咬む――「甲子夜話」巻之五十九

ある日、医者・某が、自宅で沐浴を終え、浴衣姿で寛《くつろ》いでいた。

すると、鼠を咥《くわ》えた飼い猫が現れ、飼い主の前で、その獲物をいたぶり弄《もてあそ》び始めた。

そのうち、何かの拍子に鼠が逃げ出し、某の浴衣の裾から、中へ潜り込んだ。猫も、逃すまじとばかりに這い入ったが、鼠と見間違ったためか、某の陰茎に齧りついた。

某はこの傷がもとで、間もなく亡くなった。

ただ、死因が死因だけに真実を明かすわけにはいかず、遺族は世人に問われると、

「病没です」

とだけ答えていたという。

◎戸隠の神の秘密――「甲子夜話三篇」巻之二十

信州戸隠の神は、出御《しゅつぎょ》して捧げられた供物を喰う。

その際、姿を見た者に祟ると昔から言い伝わっていたから、供物を食べる音が辺りに響いても、誰ひとり盗み見る者はなかった。

ある時、参詣者の中に肝の据わった者がいて、訝《いぶか》しがった。

「神様が供物を召し上がるのは、俺たちが飯を喰うのとは違う。供物の香りを嗜《たしな》まれたら、それでもう充分なはず。ところがどうだ、あの音は。かじりついてむしゃむしゃ喰う音がここまで響いてくる。あまつさえ、喰う姿を見てはいけないという。こりゃあ、どう考えても妙だぞ。きっと本物の神様ではないのだ。偽者の化けの皮を剥いでやらねば……」

男は鉄砲を携え、夜中、祠の近くに身を潜めた。

しばらくすると、何者かが現れ、供物に近付くと、貪《むさぼ》り喰い始めた。

男が素早く撃ったところ、確かに命中したが、相手は倒れず、その場から逃げ去った。

追いかけて行くと、岩穴があった。思い切って中へ入り、一町ばかり進むと、次第に明るくなってきた。よく見ると、二つの山の間に出ていた。

先を見ると、また別の岩穴が口を開けていた。

血の跡はその岩穴の奥へと続いていた。

「やはり相手は神様じゃない。妖怪変化に相違ない」

と思いながら、岩穴を覗くと、奥の方で真鍮の如きものがふたつ、並んで光った。

男はすかさず二発目を撃った。

これも命中し、かつ相手がどさりと地へ倒れる気配がした。

走り寄って確かめてみたところ、巨大な老猫だった。一発の銃弾を受けて息絶えていた。先刻光っていたのは、こいつの両眼だったわけだ。

人々はあとからこの男の武勇を知って、大いに誉《ほ》めそやしたという。

◎猫酒家《ねこさかや》――「甲子夜話三篇」巻之六十五

昔、品川に珍しい酒肆《しゅし》があった。

人呼んで「猫酒家」といった。

この店は開店当初はちっとも流行らなかったが、やがて沢山の猫がいることで人気が人気を呼び、現在では大繁盛している。

ここは屋号の通り、猫だらけである。

常に四、五十匹の猫たちがいる。

屋根に坐るものあり、そこらで眠るものあり、喧嘩するものあり、とにかく気まま放題。客は、そうした猫たちの邪魔をしないように集まって酒食を愉しむという趣向であった。

ちなみに、猫酒家は、猫の売り買いも手掛けているようである。

◎猫と海老――「甲子夜話三篇」巻之七十四

今から三十数年前の春。

ある漁村で、突如、浜へ小海老の大群が押し寄せた。面白いほど獲れるので、漁師たちはどんどん売り捌《さば》き、村は大いに潤《うるお》った。村人たち自身も、朝夕、小海老をたらふく食べた。

殻は家々の外へ捨てられたので、村のあちこちには海老の殻の小山がいくつも出来た。

そして、村の猫たちは、これ幸いと、日々、殻にむしゃぶりついた。

ところが、数日すると、飼い猫・野良猫の如何《いかん》を問わず、海老を口にした猫が次々と道端で倒れ、悶死した。

一方、人間には何の害もなかった。理由は分からない。

◎猫の味――「本朝食鑑」巻之十一

長らく痰や咳に悩まされている患者の中には、好んで猫を喰う者も多い。曰く、

「猫の肉は甘い味がして、脂っこい。煮ると脂が湯に浮いて、小さな団子のように丸まる。それも美味《うま》い。猫を喰えば痰が切れ、咳が鎮《しず》まって、楽になる」

◎唐猫の正体――「古今著聞集」巻第十七

観教法印は嵯峨の山荘で、美しい唐猫を飼っていた。

猫の出所は分からないが、玉で一人遊びするのが上手だったから、法印は殊《こと》の外、可愛がっていた。

ある時、法印は秘蔵の守り刀を取り出し、唐猫のそばへ置いてみた。玉の代わりにこれで遊ばせようと思ったのであろう。

すると唐猫は刀を咥え、あっという間に逃げ去った。

人々が慌てて後を追ったが、見失ってしまった。

ひょっとしたら、魔物が唐猫に変化《へんげ》して守り刀を奪い、今後は憚《はばか》るところなく悪事を働くつもりなのかもしれない。

そうだとすれば、実に怖ろしいことである。

◎長生きした猫――「古今著聞集」巻第二十

某中将の乳母が、猫を飼っていた。

体が大きく、繋いでもすぐに綱を引きちぎってしまうので、やむなく放し飼いにしていた。

唐猫の正体
「古今著聞集」より

十年ばかり経つと、猫の背中は、夜分、光るようになった。

乳母は常々、この猫に向かって、

「いいかい、お前が死ぬ時には、私の目の届かぬところでお願いしますよ」と言い聞かせていたというが、理由は分からない。

更に七年経った頃、猫は姿をくらませた。

◎**鼠を捕れども**——「**古今著聞集**」**巻第二十**

ある貴人のお屋敷に、一匹の白猫が飼われていた。

この猫は、雀や鼠を捕るには捕るのだが、喰い殺さなかった。

生かしたまま人間の前まで咥えてきて、そこでおもむろに逃がしてやるのだった。

実に不思議な猫である。

◎**亡父の訴え**——「**日本霊異記**」**上巻第三十**

膳臣広国《かしわでのおみひろくに》は、某年九月十五日に頓死し、十七日に蘇生した。彼が言うことには、

「冥界へ行っておりました。どうやら何かの手違いだったようで、閻魔大王から『娑婆へ戻る

がよい』とのお赦《ゆる》しを頂いたのですが、その際、『せっかく参ったのだから、汝の父に会って行くがよい。ここから少し南の地におるはずじゃ』とも言われました。

そこで早速、行ってみましたところ、大王の言葉通り、紛れもなく亡父がおりました。熱く灼けた銅の柱を抱かされ、全身には三十七本の釘を打ち込まれた上、鉄の鞭で打ち据えられていました。

『父上、私です。広国です。どうしてそのような責め苦を課せられておられるのですか』

と涙ながらに訊ねたところ、父は、

『わしは生前、妻子を養うためとはいえ、殺生をしたり、他人を謀《たばか》ったり軽んじたりした。その報《むく》いなのだ。

思えばわしは、飢えに苦しんだ挙句、七月七日には蛇へ化《げ》して、お前の家へ入ろうとした。しかし、そうとは知らぬお前は、わしを棒の先に引っ掛けて、外へぽいと投げ捨てた。

五月五日には赤い小犬となって訪れたが、お前は別の犬を呼んできてけしかけたので、わしは餌にありつくことが出来ぬまま、追い散らされてしまった。

ただ、正月一日、猫になった折には首尾よく家へ入り込めた。

しかも、供物のご馳走をたらふく喰うことが出来、ようやく長年の飢えを癒せたのだ。

どうかわしのために、仏像を造り、経を読み、懇《ねんご》ろに供養をしてくれ』

と訴えておりました。

やがて、どこからか小さな子どもが現れ、私を妖しい門の前まで導くと、門を押し開け、

『さあ、早く帰りなさい』

と急《せ》かしました。

私が、

『失礼ながら、あなたはどちら様ですか』

と訊《たず》ねると、その子は、

『幼き汝が書写せし観世音経の化身なり』

と答え、ふっとかき消えました。

と同時に、私も目覚めたのです」

蘇生した広国は、亡父のために仏像を造り、経を書写して菩提を弔ってやった。これにより亡父も、あの苦患《くげん》から救われたことだろう。

◎猫の報恩――「閑窓瑣談」巻之一第七話

遠江国御前崎《おまえざき》の西林寺には、猫墓と鼠墓がある。

その由来を述べよう。

昔、沖合で船が難破し、寺の前の岸に船の敷板が流れ着いた。それには子猫が一匹乗っていたので、不憫《ふびん》に思った住職が拾って育ててやった。猫は住職によくなつき、片時もそばを離れなかった。

そして十年ほど経つと、近隣でも評判の大猫となった。おかげで、寺を荒らす鼠は皆無だった。

さて、ある日、住職が出掛けたので、寺男が縁側に寝転んでしばしまどろんでいた。ほどなく、隣家の飼い猫が庭へ入って来たかと思うと、寺男のかたわらに座っていた猫に、

「日和もいいことだし、連れだってお伊勢さんへ行かぬか」

と声をかけた。

すると寺の猫は、

「行きたいのはやまやまだが、今は寺を空けられん。うちの和尚様に危難が迫っておるからな」

と答えた。近づいて来た隣家の飼い猫が、

「それはまた、どうしたことか」

と問うと、寺の猫はひそひそ声で何やら話し始めた。

そして、事情を聞いた隣家の猫は、

「他ならぬお前さんの頼みだ。承知したよ」

と言って、帰って行った。

寺男は、夢うつつの間にこの様子を聞いていた。奇異に思って首をあげると、最早《もはや》、二匹の猫の姿はなかった。

さて、その夜。

本堂の天井裏で、凄まじい物音がした。雷でも轟《とどろ》いたようだった。

寝ていた住職と寺男は燈火を手に飛んで来たが、不思議なことに、四、五日前から寺に逗留していた雲水は起きてこない。

ともあれ、夜中のことでどうしようもないから、二人は本堂で夜を明かし、ようやく日が昇ると、寺男は村へすっ飛んで行った。

しばらくして、寺男が雇った人足と二人で戻って来た。

二人は早速、天井裏へ上がった。

「閑窓瑣談」より
西林院の住職
子猫の必死を救う

そこで見つけたものは……。

血まみれになった寺の猫の死骸だった。傍には、同じく血まみれの隣家の猫が、虫の息で臥《ふ》せていた。

更にそこから三、四尺離れたところでは、丈二尺ばかりの古鼠が、全身噛み傷だらけで血溜まりに転がっていた。全身に針のような毛が生えた、恐ろしい姿だった。まだ息があったので、二人は慌てて打ち殺した。身体にまとわりついているものを見ると、切れ切れになった雲水の装束だった。

二人は二匹の猫を下ろしてやった。

隣家の猫を様々に介抱してやったけれども、結局、助からなかった。

思えば、あの古鼠は雲水に化け、寺に逗留して、住職を喰い殺す機会を窺《うかが》っていたのだろう。それを察知した飼い猫が、住職への報恩のために命懸けでそれを阻止したのに違いない。そして隣家の猫は助太刀を引き受けて共に古鼠と闘い、命を失ったのだった。

皆は深く感じ入り、墓を建てて二匹の猫を一緒に葬った。手厚く回向してやったことは言うまでもない。

一方、かの古鼠についても、

「恐ろしき変化《へんげ》のことゆえ、この先、祟りをなさんとも限らぬ」

というので、別に墓を作り、住職が慈悲の心で弔ってやった。

二つの墓は、ものさびてはいるが、今も同寺にある。

◎猫と蛇——「南嶺子」第七十六

昔、長さ四、五尺くらいの蛇と野良猫の闘いを目にしたことがある。

猫は蛇を引き咥えようと狙い、蛇は猫の喉へ喰らいつこうとする。互いに間合いをはかりながら、しばらく緊迫した睨み合いが続いた。

やがて、蛇がふっと気を抜いたように見えた刹那、猫がすかさず飛び掛かった。

ところが……。

予《あらかじ》め企んでいたのかどうかは分からぬが、蛇は飛びついてきた猫の頭を尾でびしりと強打した。

それは相当の威力だったらしい。

痛みでひるんだ猫が、一旦、後ろへ飛び退こうとしたところを狙って、蛇は襲い掛かった。喉へ喰らいつき、長いからだで猫に巻きつき、ぎりぎりと締め付けた。ほどなく猫は絶命した。

◎**母の声——「宿直草」巻四之一**

摂津国萩谷《はぎたに》の夜の山中で、某が猪を狩らんと弓矢を手に待ち伏せしていると、遠くからかすかに人の声がする。

「一体、何者か」

と耳をそばだてて聴けば、母が某の名を呼んでいるのであった。

某は考えた。

「さても怪しいことだ。このような真夜中、険《けわ》しく遠い山道を、あのお歳で独り歩いてお越しとは……。一刻の猶予もならぬ大事であっても、下男か近所の者に頼めば済むことだ。おそらくは、本当の母上ではあるまい。変化《へんげ》のものであろう。射らずにはおくべきか」

しかし、益々近づいて来たその声は、聴けば聴くほど、生母の声と瓜二つであった。

「さては、やはり本物の母上であるのか」

と某の心は揺れたが、いつまでもぐずぐずしてはいられない。

「万が一、本当の母上ならば、ここへ来られたことが誤りであったと諦《あきら》めて頂くほかはない。母を射た不孝の罪で、すぐさま腹を切れば済むことだ」

と覚悟を決め、

「宿直草」より
母の声

「ええい、ままよ」

と弓を引き絞り、ついに一矢を放った。

矢は一直線に飛んで行った。命中の手応えがあった。

すると、どうだろう。

それまで近づいて来ていた声が、今度は遠ざかって行くではないか。しかも、その声は紛れもなく母のものだった。

しばらくすると夜が明けたので、急ぎ駆け寄ってみると、山道には昨夜の矢が落ちており、血の跡が点々と続いていた。

あとを辿って行くと、血の跡は某の屋敷の門を通り過ぎ、母の隠居所まで続いていた。

「まさか、本当に母上を射てしまったのか」

と気も動転して中へ駆け込むと、母に別条はなく、息子が血相を変えているのを見て、怪訝そうな顔をした。

「やれ嬉しや」

と思いながらなおも調べてみると、血の跡は床下まで続いていた。

某は母へ昨夜の事情を話し、床下をあらためてみた。

そこには、母が日ごろ可愛がっていた虎毛の猫が、血を流して死んでいた。

◎首化粧──「曽呂利物語」巻五之一

むかし、さる高貴な屋敷で、姫様の侍女を新しく一人雇い入れた。書も絵も裁縫も堪能ゆえ、姫は勿論、その父母も満足していた。

そんな、ある日の夜、奥方が何気なく侍女の部屋を見やると、戸のすき間から、侍女が燈火を頼りに化粧しているのが見えた。

侍女は己の首を外し、前に置いた鏡台に据え置いて、鉄漿《かね》を付け、紅をさした。そうしてひと通り化粧が済むと首を持ち上げ、切り口に繋げて、何事もなかったように鏡台の前から去った。

奥方は震え上がり、すぐさま主人へ報告した。すると主人が、

「それとは悟られぬように、うまく理由をつけて暇を出せ。気づかれて騒がれては面倒だ」

と言うので、奥方は平静を装い、侍女を召し出して、こう告げた。

「実は旦那様から、侍女が多過ぎるとお叱りを受けているのです。そこで誰かに暇を出さねばならないのだけれど、他は古参の者ばかりで、新参といえばお前しかいない。誠にあいすまぬが、ここを辞して、他家へ奉公してもらえまいか」

これを聞くや、侍女の顔色がさっと変わった。

そして、

「奥方様、藪から棒に何をおっしゃられます。妙ですわ。ひょっとして、何かまずいものをご覧になられたのでは？」

と言いながら、奥方へにじり寄った。

奥方は、

「そんなことはありませんよ。機会があったらまた声をかけることがあるやもしれないから、このたびばかりはどうか辛抱しておくれ」

と更に言い聞かせたけれども、
侍女は、

「それはあまりに薄情な仕打ちでございますよ」

と言いながら、奥方へ襲いかかった。

すると、こんなこともあろうかと物陰に隠れて聞いていた主人がぱっと飛び出し、抜刀して斬りつけた。

そして、一太刀浴びてひるんだところを幾度も斬りかかって、遂に息の根を止めた。

「曽呂利物語」より
首化粧

見れば、血だまりに沈んでいたのは老猫で、口が耳まで裂け、頭には角が生えていた。

◎凄まじき怨念――「西播怪談実記」巻三之十二

ある村に住む男が、川で獲った鮎を庭で串焼きにして食べていた。

すると、飼い猫が中の一本を咥えて縁の下へ逃げ込み、平らげてしまった。しばらくすると、懲りずにまた寄って来たので、腹を立てた男が側の火吹竹で打ち据えたところ、当たりどころが悪かったのか死んでしまった。

男は、「殺すつもりはなかったのに、可哀相なことをした」と思いながら、家の前の河原へ埋めてやった。

翌年。

女房が子どもを産んだ。

ある日の夕暮れ。

赤子を寝かせている納戸から、

「きゃっ」

という泣き声が聞こえたので走って様子を見に行くと、痩せこけた猫が赤子を咥え曳いて、縁の下へ引きずり込もうとしていた。

「そうはさせじ」

と追いかけたところ、猫は諦めて赤子をその場へ置いたまま、逃げ去った。

赤子はまもなく息を引き取った。弔いを済ませた後、仇の猫の行方を捜したが、見つからぬまま月日は流れていった。

さて、一年後、夫婦にはまた子が出来た。

例の一件があったから、今度は随分気をつけて育てていたつもりだったのに、ある日の夜中、赤子の姿が見えなくなった。家じゅうの者が捜しまわったところ、無残にも裏の畠で食い殺されていた。

「殺された猫の祟りだ。仕返しをしているのだ」

と人々は噂した。

さて、その後しばらくして、男の妻が懐妊した。

男は方々の社寺に参って、安産を祈願した。

その甲斐あってか、やがて元気な男子が生まれた。

「悲劇を繰り返してはならない」

との固い決意から、一家は昼夜を通して、数人が交代で赤子の番をした。社寺から延命の護符も授かったことだし、万全の態勢のはずだった。

ところが……。

ある夜のこと。

見張りの者が睡魔に勝てず、ついうとうとしてしまった。

はっと目覚め、慌てて赤子を見ると、すやすや寝ている様子だった。

しかし、上に掛けていた単物《ひとえもの》がない。

「妙だな」

と思いつつ、もう一度、赤子をよく確かめてみると、体には少し温かみが残っているものの、もう息はしていなかった。さりとて、体のどこにも疵は見当たらなかった。

見張りの者は、すぐに男を起こして事の次第を知らせた。

すると男は驚いた様子もなく、こう言った。

「俺は夢を見た。痩せ衰えた猫が現れて、怖ろしい形相で俺に言うのだ。『お前の子どもを三人まで殺したが、まだ恨みは晴れない。今後、たとえ鉄の櫃《ひつ》に入れて守ろうとも、お前の子どもならば必ず命を奪ってやる』と」

「西播怪談実記」より
凄まじき怨念

そこで一家で相談し、かつて猫を埋めた河原に小堂を建て、追善供養をおこなった。するとと、猫もようやく得心したものか、崇りは止んだ。四人目の子どもは無事に生まれ、今も元気に暮らしている。

それにつけても、猫の怨念は凄まじい。犬や鶏の報恩話をよく耳にする一方で、猫が主人を害した話も数多い。同じ畜生とはいいながら、かくも性分が違うことに驚かされる。

◎猫を飼う秘訣――「雲萍雑志」巻之一

猫の飼い方を誤っている者が多い。

たいていの飼い主は、飯を与えるのに鰹節を入れて、魚肉の風味を添えている。猫がそうした味の食べ物に慣れてしまうと、鼠を捕らなくなる。

猫には、麦飯に味噌汁をかけて与えておけばよいのだ。それ以外のものは喰わせない方がよい。

飼い主の不注意で肉食に慣らされてしまった猫は、始末が悪い。肉なしでは辛抱出来ず、他家へ忍び入り、盗んででも喰うようになる。

◎**律義な猫――「新著聞集」第十**

天和三年(1683)の夏、某寺の住職は患って激しい下痢に見舞われ、難渋《なんじゅう》していた。

宵の口に住職が厠へ行くと、見透かしたように、縁の切戸を誰かが外からそっと叩いて合図をする。

すると、それまで炬燵の上にいたこの寺の飼い猫がさっと走って行って、鎰《かぎ》を開けてやった。入って来たのは、どこやらの大猫であった。

大猫は言った。

「今夜、納屋町で踊りがあるぞ。一緒に行かないか」

すると、飼い猫は、

「行きたいのはやまやまだが、今夜はよしておくよ。というのも、うちの和尚の具合が悪いから、看病してやらないといかんのだ」

と答えた。

これを聞いた大猫が、

「そうか。それは残念だ……。よし、まあ仕方ない。ならば、済まんが手拭いを貸してくれ。踊りへ行くのに要るのだ」

と言うと、飼い猫は、

「断ってばかりで気が引けるが、それも出来ん。手拭いは和尚が四六時中、使うので貸してやれんのだ」

と頭を掻いた。

そこで大猫は、すごすご帰って行った。

たまたま厠へ入っていて、中でこの一部始終を聞いていた住職は、居間へ戻り、飼い猫を撫でてやりながら、こう話しかけた。

「気を遣ってくれんでも、わしは大丈夫。看病は要らんよ。誘いに来た友だちと一緒に踊りへ行ってきたらどうだ。まだ間に合うじゃろ。手拭いも貸してやるから、遠慮せずに楽しんでこい」

すると、これを聞いた飼い猫はぱっと外へ走り出て、二度と戻らなかったという。

◎二両の出所――「宮川舎漫筆」巻之四

文化年間（1804–18）のこと。

両替町に住む喜三郎は、一匹の猫を飼っていた。

この家へ出入りする魚屋は心優しい男で、来るたびに魚肉を恵んでやっていたので、猫はこの男が来たと見るや急いでそばへ擦り寄り、鳴いて魚肉をせがむほど懐《なつ》いていた。

ところが、この魚屋はやがて長患いに苦しみ、商いに出られなくなった。僅かばかりの貯えはたちまち底を尽き、貧窮にあえいだ。

そんなある日。

魚屋がふと見ると、土間の隅に小さな紙包みが落ちている。

不審に思って開けてみると、中にはなんと二両もの金が入っていた。奇特な誰かが恵んでくれたか、神仏のご加護か。

「有難や有難や」

と魚屋は随喜の涙を流し、その金を大切に使いながら日々を送り、薬を買って養生もした。

そして、その甲斐あって、ようやくのことで本復した。

ただ……。

病の癒えた魚屋が早速商いを再開しようにも、新たに魚を仕入れる元手がなかった。というのも、例の二両は長い療養生活ですっかり使い果たしてしまったからである。

魚屋は思い悩んだ末、懇意の喜三郎に思い切って借銭を申し出ようと腹を決めた。

そこで、久しぶりに喜三郎の家を訪れた。

ただ、その折、不思議なことがあった。

以前は魚屋の姿を見ると飛び出してきたこの家の飼い猫が、今日は一向に現れないのだ。

訊ねてみると、喜三郎は、

「ああ、あの猫なら、この間、死んじまったよ。あんな手癖の悪い奴、いなくなってせいせいした」

そして続けて言うには、

「あいつめ、こないだうちから、二度もうちの金を盗もうとしたんだ。二度ともひっ捕まえて、金はなんとか取り戻したよ。ただ、二度目に捕まえた時、ふと気づいたんだ。『そういえば以前、二両もの金がなくなって大騒ぎになったことがあったんだが、あれもこいつの仕業に違いない』ってね。

その途端、頭に血がのぼって、思わず強く打ち据えた。そしたら、当たりどころが悪かったのか、死んじまったというわけさ。まあ、自業自得さ」

すると、これを聞いていた魚屋は、ぼろぼろと涙をこぼした。

そして、土間で見つけて以来、お守りのように肌身離さず持っていた包み紙を懐から取り出

して、

「ひょっとしたらその二両は、こんな紙に包んであったんじゃないですか」

と喜三郎へ手渡した。

喜三郎は怪訝な顔で受け取り、調べてみた。

すると、驚いたことに、紙に書きつけられていた字は、紛れもなく自分の筆跡だった。

魚屋は、

「やっぱりそうだ」

と唸り、例の二両の件を喜三郎に聞かせてやった。

あの金は、喜三郎宅の猫が魚屋の窮状を見かねて、咥えて運んでやったものだったのだ。

また、その後、二度までも金を持ち出そうとしたのは、魚屋が先の二両を使い果たしたのを看てとって、追加で届けてやろうとしたからだ。

ただ、そこを運悪く喜三郎に見つかり、敢《あ》えない最期を遂げたのであった。すべては魚肉を恵んでもらったことへの報恩であったと思われた。

喜三郎は、

「知らなかったとはいえ、あいつにはひどいことをしてしまった」

と項垂れ、猫が持ち出そうとした金子を魚屋へくれてやった。

魚屋は、猫の死骸を貰い受けて回向院へ運び、懇ろに弔ってやったという。

◎老婆と猫——「北国奇談巡杖記」巻之三

佐渡国小沢に独り暮らしの老婆がいた。

ある年の夏の夕暮れ、家の前の丘に登って涼んでいると、どこからともなく老猫がやって来て、目の前の砂地を転げ廻ってじゃれ始めた。

老婆はこれを見るうち、妙に興が乗ったのか、己も同じように転げ廻ってみた。すると、総身が涼やかになり、何とも良い心地であった。

翌夕も次の夕方も、老猫はやって来て、同じように老婆を促す。

老婆もこれに応じて、日々、何度も転がり廻るうち、総身が軽くなり、通力を得て、とうとう飛行自在となった。ただし、目は吊り上頭髪は抜け禿げ、代わりに全身が毛で覆われた。

そして遂には虚空を飛び続け、越後の弥彦山《やひこやま》へ至った。

それからというもの、老婆の霊威で山は鳴動し、雷鳴凄まじく、豪雨となった。

難渋した人々は、かの老婆を「猫多羅天女」と崇め、どうか鎮まってくれろと懸命に祈りを捧げた。

今でも猫多羅天女は、年に一度、佐渡へ飛び渡る。

その日は国じゅうに雷鳴が鳴り響いて、人々は恐懼《きょうく》するという。

◎**猫の生還**——「兎園小説」第十二集

内藤新宿のとある旅籠で、河豚《ふぐ》料理が供された。

この時、当家の飼い猫と裏の家の飼い犬がやって来て、捨ててあった河豚の臓物を平らげた。

当然だが二匹とも毒にあたった。口から泡を吹き、苦しみ悶えて転げまわった。犬はそのまま死んだ。

ところが、猫は倒れず、ふらふら座敷へ上がると、たまたま襖《ふすま》障子を貼るべく煮て置いてあった角叉《つのまた》(スギノリ科の紅藻)の器へ頭を突っ込み、貪り喰った。

すると、苦悶の気色がみるみる失せて、普段の様子に戻った。

角叉には、魚毒を消し去る効能があるのだろうか。

猫はそれを知っていて角叉を喰ったのか。

それとも、たまたま置いてあったから、苦しさを紛らわそうとしてとりあえず貪ったのか。

どちらなのかは分からない。

とにかく犬は死に、猫は助かった。

生死の分かれ目とは、かくもあっけないものなのだ。

◎**桶の猫**——「**間思随筆**」

鼠を一匹捕まえたので、

「猫に喰わせてやろう」

と思い、ひとまず大きな桶へ入れておいた。鼠は何度も飛び上がるが、桶は大きいので外へは出られない。

そのうちに、近所の子どもが猫を捕まえて来てくれたので、桶の中へ放り込んだ。

「ああ、これであの鼠も一巻の終わりだろう」

と思いながら見ていたのだが、猫はいきなり桶へ放り込まれたものだからただ面喰らうばかりで、当初は鼠がいることにも気付かなかった。

とその途端、鼠は果敢にも猫の背へ飛び乗り、それを足継ぎ代わりにしていま一度跳び上がって、桶の外へ逃げ出してしまった。

もしも猫を桶へ入れることがなければ、早晩、鼠の命はなかっただろう。どのみち、殺すつもりだったから。

何かを企んで諮《はか》ってみたものの、その謀《はかりごと》の故に却って事が成らなかったというのは、よくあることである。

葛飾北斎「北斎漫画」より
猫

里獣の章

中村惕斎「訓蒙図彙」(1666)より

いたち——鼬

◎**赤い鼬——「太平記」巻第五**

ある日、比叡山の根本中堂の内陣へひとつがいの山鳩が入りこみ、さんざんに飛び回った挙句、新しい常燈明《じょうとうみょう》の油皿の中へ落ち込んでもがき苦しんだ。そのせいで燈明はかき消え、堂内は暗くなった。

皿からようやくのことで脱した鳩は、暗さで方向を見失い、仏壇の上にとまって、翼を休めていた。

すると、長押《なげし》のあたりから、赤い鼬が走り出て、鳩を二羽とも食い殺してしまった。

この常燈明は、かつて後醍醐天皇みずから点されたもので、本来、片時も消えてはならぬものであった。

それが山鳩の飛来によって消えたのは不可思議であるし、その鳩どもを鼬が血祭りにあげたのも、さらに奇怪であった。

「これは天下の凶兆であろう」

と、才知ある人たちは心を痛めた。

◎鼬の怪音――「譚海」巻之九

越後では、竪臼《たてうす》を六人がかりで搗くのを「六人づき」という。

これになぞらえ、鼬が時として人家で集まり騒ぐのを「鼬の六人づき」と呼ぶ。六人づきの臼の音にそっくりで、唄をうたうようにも聞こえるという。

家人が急いで音のする方へ駆け寄ると、ふっと音は止み、鼬の姿も見えない。

この怪事は、家運が急変する兆《きざ》しである。

ただし、興隆か没落かは家に拠って異なる。

◎鼬の目陰《まかげ》――「松屋叢話」巻第一

「源氏物語」等の書物に登場する「いたちのまかげ」とは何か。

鼬が後足で立ち、前足を目の上にかざして遠くの人間をじっと見守ることを、今の世でも「いたちのまかげ」という。おそらくそのことであろう。

遠方を見やる際に目の上に手をかざす仕草は、今も昔も変わらない。

◎不可解な死――「耳嚢」巻之十

ある年の七月、熊ケ谷という地で、道を歩いていた屈強な男が、突然に倒れて亡くなった。また、同じ場所で、おそらくは旅人と思われる者も一人、倒れ死んだ。

懐にあった金品は手つかずだったし、衣類もそのままであるから、盗人の犯行とは考えにくかった。

遺骸をよくあらためてみると、脇の下に小さな疵があり、血がしたたっていた。獣か何かの仕業かもしれないという人もあったが、はっきりとは分からなかった。

そんな折、土地の者がたまたまその場所にさしかかると、犬ほどの大きさの獣が喰らいついてきて血を吸うので、引き剥がそうと取っ組み合いになり、その者は大きな声で助けを求めた。ちょうど別の者が通りかかり、駆けつけて打ち据えたところ、獣は血を吸うのを諦め、崖の岩の隙間へ逃げ込んだ。

松明をかざして調べてみると、獣が身を隠すのに適した小洞が見つかった。

そこで若い者たちが大勢集まり、手分けして枯葉や落葉を洞へ押し込み、火をかけた。しばらくすると、燃え盛る火をかきわけるようにして飛び出してきたものがあったから、すかさず打ち殺した。大きな鼬であった。

あそこを通る者を襲っては、血を吸っていたものと思われる。

ちなみに、襲われながらもなんとか命を取りとめた者だが、長らく病悩し、ごく最近、ようやく快方に向かい始めたという。

◎**鼬の薬効**――「卯花園漫録」巻之四

鼬の頭を黒焼にして服すると、麻病に効くという。また、羹《あつもの》にして喰えば、効験あらたからしい。

なお、鼬の目玉は、潰さぬよう慎重に取り出して陰干しにしておくこと。人間の目玉に棘《とげ》が刺さった時、その陰干しを細かく刻んで水に溶かし、その水で目を洗えば、棘はたちどころに抜ける。

◎**鼬の火柱**――「塩尻」巻之五十二

鼬は火柱を立てると、世に怖れられている。

鼬は、夜中、樹に登って焔を吐き、地にあっては柱の如き煙を生ぜしめる。火柱とは、その事を指すのであろう。

◎鼬と吉凶――「平家物語」巻第四

後白河法皇が城南の離宮に幽閉されて二年が経った。

ある日、御所内にたくさんの鼬が現れ、走り騒いだ。

法皇が陰陽師に占わせたところ、

「この三日のうちにお慶びとお嘆きがございましょう」

との答えであった。

「慶びごとが起こるのはよいとして、問題は『お嘆き』の方だ。いますでにこれほど惨《みじ》めな境涯であるのに、これにまた、どんな禍《わざわい》が降りかかるというのか」

と法皇はうめいた。

翌日、平宗盛《たいらのむねもり》の懸命の説得が奏功して、法皇の幽閉がようやく解かれた。これが陰陽師のいう「お慶び」であった。

ところが……。

そうこうするうちに、高倉宮（法皇の第三皇子）謀反の報が、福原にいた平清盛へもたらされた。

清盛は激怒し、

「とかくの配慮は無用にせよ。即刻、高倉宮を捕らえ、土佐へ流してしまえ」

と命じた。

「お嘆き」とはこのことであった。

◎**鼬を敬《うやま》う一族**――「**楽郊紀聞**」**巻之三**

世人は家に鼬が現れると、怒り狂って追い払うが、橋辺家では様子がまるで違う。

赤飯を炊き、鼬に恭《うやうや》しくお供えするのである。

これには古い謂《いわ》れがある。

昔、この近くの海で、観音像が漁師の網にかかって岸へ揚げられた。ところが誰もそれに気付かず、像は海岸に放置されていた。

一方、橋辺家では……。

どこからか一匹の鼬が現れたかと思うと、家人の足元へ走り寄り、着物の裾を咥えて、しきりに引っ張った。どうやら、どこかへ連れて行こうとしているらしかった。

その者が怪しみつつ付いて行くと、導かれた先には、例の観音像があった。橋辺家ではこの奇瑞に感じ入り、観音像を屋敷内に祀った。これが現在の醴泉院《れいせんいん》の前身である。

これ以来、橋辺一族は、鼬を観音の使いとして敬っている。従って、屋敷へ現れると赤飯で歓待するというわけである。

◎**鼬と筆――「楽郊紀聞」巻之九**

朝鮮では、筆を製するのに鼬の毛が珍重される。

質の良い筆が出来る由《よし》。

◎**呪言を唱えよ――「本朝食鑑」巻之十一**

鼬が庭で群れを成して鳴くのは、家運が大きく変わる兆しである。

ただし、吉か凶かは分からない。

もしも鳴いているところに遭ったら、

「鼬、眉目美《みめよ》し」

と唱えよ。

さすれば、本来起こるべきは凶事であったとしても、吉事へ転じるという。

かわうそ――獺

◎河童の正体――「百物語評判」巻四之二

世にいう河太郎（河童）の本性は、歳を経た獺であろう。

獺は小さな犬のような体形だが四肢は短く、青黒い毛色をしている。人を化かすこともあるらしい。唐土の書物にはこんな話が載る。

「昔、ある男が湖のほとりを歩いていると、後ろから呼びかける声がする。悪い予感に怯《おび》えながら振り向くと、十六、七歳くらいの美少女が、青い着物・青衣笠という出で立ちで佇んでいる。恐ろしさのあまり足早に遠ざかり、ようやくのことでもう一度振り返ってみると、女は湖へ飛びこむや、獺の姿へ変じた。なお、彼女が身に付けていた着物や衣笠は蓮の葉であったらしく、元の姿へ戻るや、あたりへ破れ散ったという」

この話から察するに、河太郎も獺の同族と思《おぼ》しい。

なお、河太郎の太郎とは、「河辺の長」の意ではないか。

◎眼病と獺——「和漢三才図会」巻第三十八

「本草綱目」に拠れば、目がかすんで視界に黒い小点が飛ぶように見える時（いわゆる飛蚊症）、点眼薬へ獺の胆《きも》を加えると症状が改善し、物がはっきり見えるようになる。

◎獺の秘密（一）——「本朝食鑑」巻之十一

ある書は、

「鯔《なよし》（鯔《ぼら》の若魚）が老化して、獺になる。それが証拠に、体の形状が似ているし、鯔《なよし》の腹にも獺の胸下にも白子がある」

と記すが、まだ確かめていない。

◎獺の秘密（二）——「斉諧俗談」巻之五

『和漢三才図会』にこうある。

「老いた鯔《ぼら》は獺に変じる。また、鮎が変じて獺となることもある。ただし、鯔が変じた獺は口が円く、鮎が変じたものは口が平たい。かつては、変化《へんげ》の最中のものを見た人もいたそうだ」

河童の正体
「百物語評判」より

てん——貂

◎**貂とかまいたち**——「**楓軒偶記**」**巻之一**

道を歩いていると突然つむじ風に吹かれ、気付けば、手足に刃物で切り裂いたような傷を受けていることがある。不思議なことに血は出ない。

この怪事を俗にかまいたちという。

そんな時、貂の毛を貼れば傷は癒える。

鼠の咬傷には猫の毛が、狂犬の噛み傷に犬糞が効くのと似ている。

◎**貂の皮**——「**和漢三才図会**」**巻第三十八**

目に異物が入って困った時、貂の皮で拭うと異物が取れて、よく見えるようになる。貂の皮を纏《まと》うと、暴風の中にいても身体は暖かい。水につけても濡れず、雪が降りかかってもすぐに溶け消えてしまう。

「奇獣考カマイタチ」より

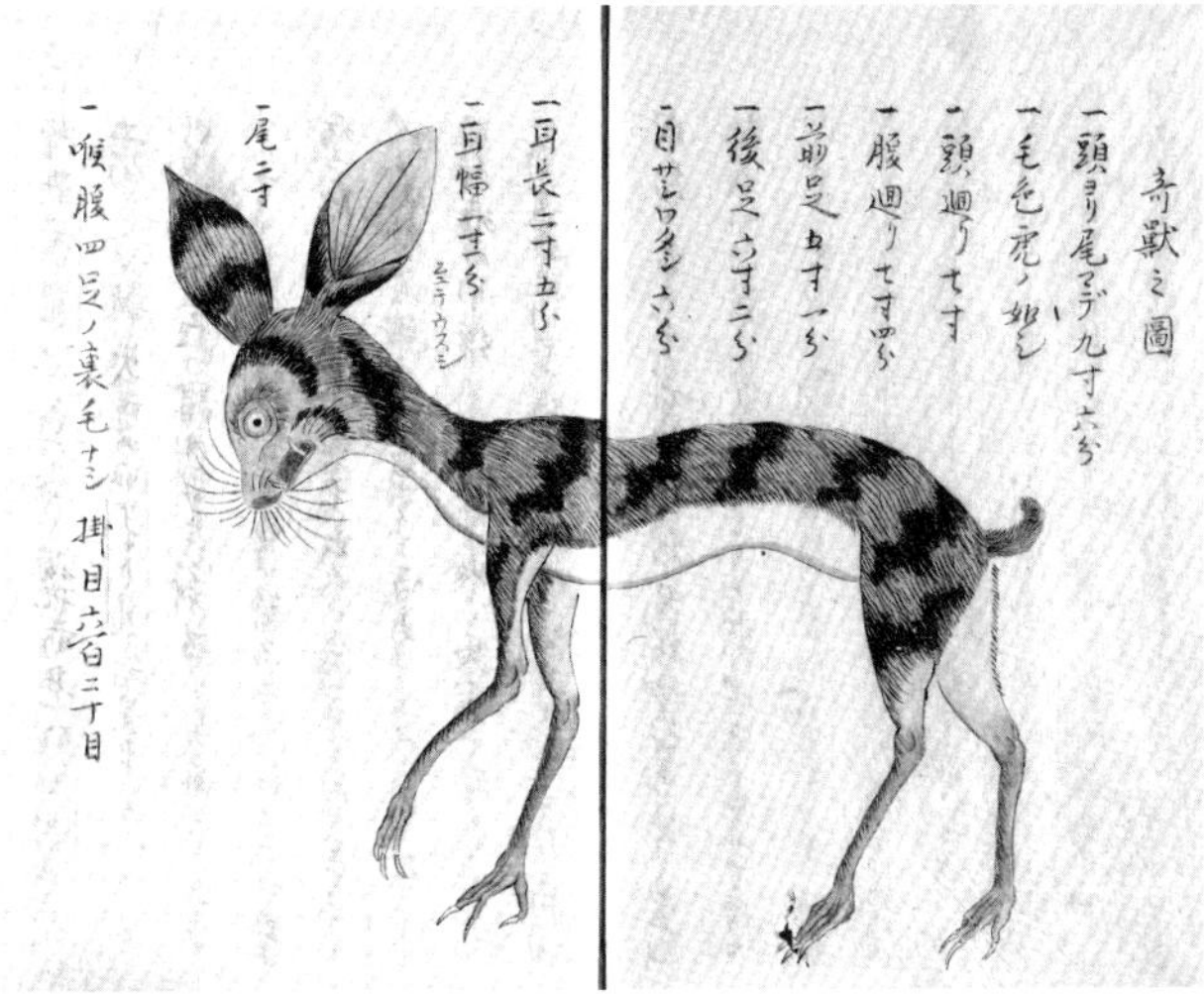
奇獣之圖
一頭ヨリ尾マデ九寸六分
一毛色兎ノ如シ
一頭廻り七寸
一腹廻り七寸四分
一前足五寸一分
一後足六寸二分
一目サヒワタシ六分
一耳長二寸五分
一耳幅一寸分
ミミテウスシ
一尾二寸
一喉腹四足ノ裏毛ナシ　掛目六百二十目

もぐら――土竜

◎**白い土竜――「半日閑話」巻之十四**

本郷にある某商家の庭で、白い大きな土竜が捕まった。大きさは一尺二寸ほど。俗に「千年土竜」と呼ばれている。

◎**土竜の肉――「和漢三才図会」巻第三十九**

「本草綱目」に拠れば、土竜の肉を炙《あぶ》って食べさせると、小児の虫下しになるという。

◎**土竜の手足――「本朝食鑑」巻之十一**

土竜の手足を採り、晒《さら》して乾かす。それで疥癬《かいせん》や痘疹《とうしん》を掻けば、たちどころに痒《かゆ》みがおさまる。

「視聴草」より
千年ムクラ（土竜）

りす——栗鼠

◎栗鼠を飼う——「和漢三才図会」巻第三十九

栗鼠はよく鳴く。後ろ足で立ち、前足を交差させて、人間のように舞う。身は軽く、動作は機敏。暖かい日、餌に恵まれて満腹になると、石の上や樹木の梢などに蹲《うずくま》り、尾を開いて身を覆う。

歯は鉄のように硬いので、飼う際には鉄籠に入れること。さもないと、籠を食い破って逃げてしまう。

◎栗鼠と鼯鼠《むささび》——「本朝食鑑」巻之十一

「山中で見かける栗鼠は、実は大抵、鼯鼠の子である。つまり、栗鼠が老変すると肉翅《にくし》が生え、鼯鼠となる」

という人が多い。

しかし、実際のところ、鼯鼠の子には生後さほど日を経ずして肉翅が生えるし、栗鼠は栗鼠で、鼯鼠とは関係なく、自分たちの子どもを産む。栗鼠を長く飼っても、老いて禿げはするが、鼯鼠へ変じることはない。両者は別の生きものと考えるのが妥当だろう。

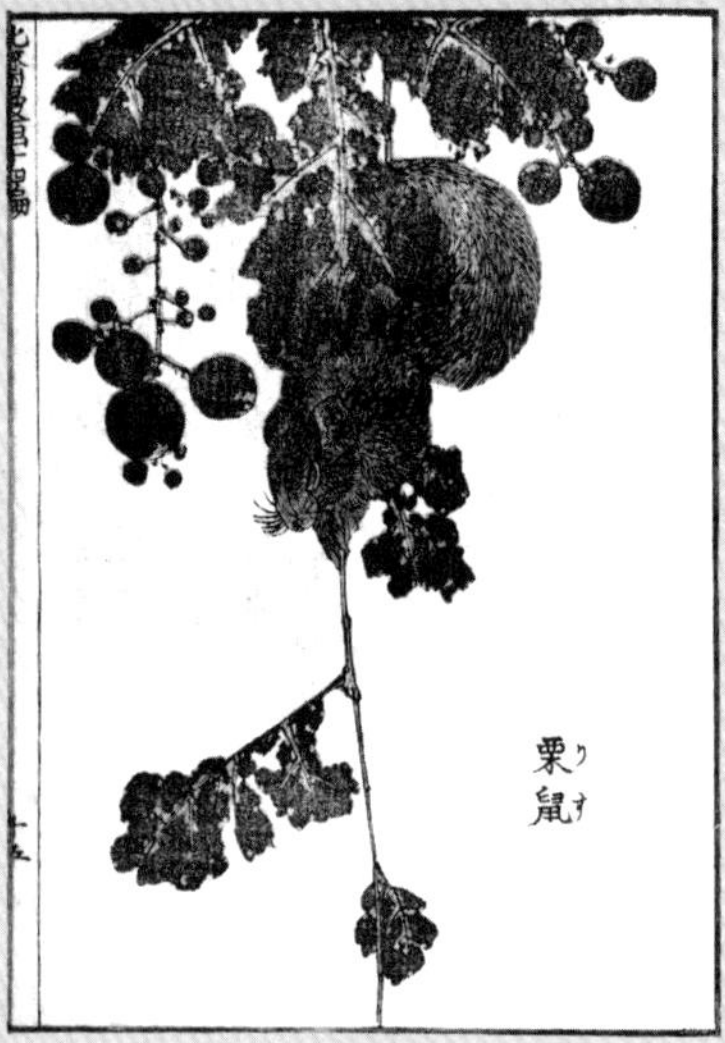

葛飾北斎
「北斎漫画」より
栗鼠

熊狼の章

中村惕斎「訓蒙図彙」(1666)より

くま――熊

◎**熊と蛇――「中陵漫録」巻之十一**

昔、羽州の某山に大蛇が棲んでいた。

　ある時、大口を開けてこの山の熊を丸呑みしたところ、熊は大蛇の口を引き裂いて、平然と去ったという。死んだ大蛇の骨はいまだに残っているが、土地の者は怖がって誰も触れようとしない。

◎**大熊――「斉諧俗談」巻之五**

最近、津軽の山中で巨大な熊が捕まったらしい。掌の大きさが三尺もあり、爪の長さはおよそ一尺、体毛はすべて抜け落ちて禿げていたという。

◎**月輪熊《つきのわぐま》――「兎園小説」第三集**

月輪熊は、その名の通り、喉の下に月輪の形の白毛が生えている。

ただ、ひと口に月輪と言っても形は様々で、円いものあり、半月形あり、中には白毛がないものもいる。

山に詳しい里人によれば、月の輪の形は、熊の産まれた日によって決まるのだという。十五日ならば輪円、晦日ならば無輪、残りは月の満ち欠けに準じるというわけだ。奇妙な話である。

◎熊荒《くまあれ》——「北越雪譜」初編巻之上

一度に数頭の熊を殺したり、あるいは特に年を経た熊を一頭仕留めたりすると、必ずや山の天候が荒れるという。これを熊荒という。

それ故に山あいに住む者は、たとえ熊に出会っても、捕らえようとはしない。熊に霊威のあることは、種々の古書が教えてくれている。

◎熊の慈悲——「北越雪譜」初編巻之上

ある男が冬の雪山で足を滑らせ、深い谷へ落ち込んだ。

雪の斜面を滑るように落ちたので大きな怪我はなかったが、刃物も食料も、とにかく持ち物を全部失ってしまっており、巨大な雪壁の割れ目へ落ち込んだものだから、寒さで死ぬか飢え死にするか、いずれにせよ数日の命と思われた。

それでも諦めずに辺りを探したところ、幸いにも岩穴が見つかった。

「これも日頃から信心する善光寺さんのおかげだ。ここなら吹雪がしのげる。あとは雪を喰らっておれば、何日かは生きられるだろう」

と仏に感謝しながら、中へもぐりこんだ。

とはいえ真っ暗だから、男は手を伸ばし、探り探りしながら這い進んだ。ところが……。

なぜか奥へ行くほど、ほんのり温くなってくる。

「妙だな」

と思いつつ更に進むと、手が毛深いものに触れた。まさしく熊であった。

男は絶望のあまりしばらくうなだれたが、やがて、

「何日も苦しんで飢え死するより、ここでひと思いに熊に喰われて死ぬ方がましかもしれぬ」

と覚悟を決め、思い切って熊の身体を撫でさすってみた。

すると……。

熊はむっくり起き上がり、今まで己が寝ていたところを空けてくれた。

「ここへ座れ」

と言われているような気がして、男がその跡へ身を置くと、熊の温かみがまだ残っていて、

「北越雪譜」より
熊、木樵を助くるの図

炬燵《こたつ》にあたっているようであった。

「有難や、有難や」

と伏し拝んだところ、熊は今度は巨大な掌を何度も柔らかく男の口へ押し当ててきた。熊が蟻を喰う話を思い出して舐めてみると、甘くて、また少し苦くもあった。

「どうやら、助けてくれているらしい」

と気づくと、男は少しだけ落ち着いてきた。

すると、熊も安堵したのか、男の横に臥して、そのまま寝入ってしまった。

他に身の置き場もないので、男は熊と背中合わせで眠った。

その日から、熊との奇妙な同居生活が始まった。

熊は冬眠の時期なのか、外で獲物を捕ったりしない。だから男も襲われなかったのだろう。

ともかくも、男は熊の掌をねぶって何とか飢えをしのぎ、日々を送った。

そうこうするうち、遅い春の訪れのせいか、寒さが少し緩んできたかに思えた。

ある日のこと。岩穴の入口に座り込んで陽に当っていると、外にいた熊が男の袖を咥えて、しきりに引っ張った。

曳かれるままについて行くと、ずっと以前に滑り落ちた場所へ出た。

すると熊は、巨大な前足で雪を器用にかき分けて進んで行く。後ろを付いて行くと、やがて人の足跡のあるところへ至った。熊がそこまで導いてくれたのだった。

熊は四方を見渡した後、悠然と去って行った。

男は熊の後ろ姿に長く手を合わせた。

それから男は、ようようのことで家へ帰り着いた。

折しも、家族や村人たちが集まって、行き方知れずの男の供養のために念佛を唱えている最中だった。

男の月代《さかやき》はぼうぼうに伸び、顔は狐のように痩せてしまっていたから、一同は幽霊が現れたものと思って、大騒ぎになった。

ところが生還した本人だと分かり、弔いの場は一転してめでたき酒宴となったという。

◎清正の槍――「翁草」巻之三十一

加藤清正が天草伊豆守との戦《いくさ》で数々の武勲を立てたという槍。十文字の鑓であったと世人は言う。

ただ、実見した人によると、鐺は直刀であったと。鞘は熊毛で出来ていた。瘧《おこり》を患った者は、この熊毛をひと筋抜いて服用すれば、たちどころに治るという。

◎**熊の怒り**——「**新著聞集**」**第十四**

近江国の山中で、落ち葉掻きをしていた妊婦がにわかに産気づき、岩の上に臥して途方に暮れていたところ、一頭の熊が現れて女を岩穴へと導いてくれた。

おかげで、女は無事に子を産むことが出来た。

しばらくして、ようやく体力も回復してきたので、女が、

「そろそろ里へ帰りたい」

と言ったところ、熊は頷《うなず》いて、母子をおとなしく帰してくれた。

村ではこのことが評判になった。

狩人の十左衛門がこれを聞きつけ、

「その熊の居場所を教えてくれ」

と執拗に迫った。

女は最初こそ、知らぬ存ぜぬで押し通した。

しかし、どうしたわけか、やがては折れて、ある日、十左衛門を熊の穴へと案内した。

すると、件の熊はいきなり穴から駆け出ると、女を八つ裂きにして、そのまま姿をくらませてしまった。

女の最期を聞き知った人たちは、

「恩を仇《あだ》で返した報いだ」

と噂しあった。

◎**母と熊——「反古のうらがき」巻之一**

同心・某が帰宅して玄関を入ると、家の中は燈火がかすかに点っているだけで、しんと静まり返っている。留守番の母も出迎えに出て来ない。怪訝に思いながら部屋へ入ると、大きな熊が臥せっている。

驚いた某がひと太刀浴びせたところ、

「ぎゃっ」

と叫んで起き上がろうとしたので、続けざまに刀を振るい、ようやくのことで斬り伏せた。

「もしや母上の身に何か……」

と心配になって呼び捜したが、どうしても見つからない。

騒ぎを聞いて隣人が訪ねて来たので、

「家の中へ熊が入り込んでいたので、討ち取った。しかし、母の姿が見えぬのだ」と言いながら、隣人を熊の遺骸のところまで案内すると、血まみれで死んでいたのは、熊ではなく母であった。

某は親殺しの大罪人として処断された。

妖怪は、武士が討ち取ったところで、さしたる手柄にもならない。

無論、驚き恐れて逃げ去るのは論外だが、そうでなければ、うかつに手を出さぬ方が賢明だろう。もし、相手が襲い掛かってきたら、その時こそ、日ごろの鍛錬の成果を遺憾なく発揮して、立派に討ち取れば宜《よろ》しい。

怪事の多くは、気の迷いから生じる。いきなりの刃物沙汰は感心しない。

◎熊の弱点――「筆のすさび」巻之一

熊は茄子《なすび》を忌《い》む。

深山に住む人は、薪を取りに行く時、必ず茄子を身に帯びる。熊除けになるからだ。茄子が生え育つ時季の熊は、胆《きも》が小さい。茄子の旬の時季を過ぎると、熊の胆は大きくなる。

また、茄子を見せながら獲った熊の胆は小さいという。

◎熊と馬――「西遊記」続編巻之二

松前地方に棲む熊は身体が大きく、性格も凶暴である。中でも羆《ひぐま》は巨大で、牛馬でも掴《つか》み裂いて殺すほどである。人間を害することも少なくない。

このため、松前辺りの馬は羆の怖さが身にしみており、近くの山に羆が潜んでいるといち早く匂いで察知し、恐怖のあまりその場に立ちすくんで失禁するのだという。

そこで武家の者たちは、好んで南部《なんぶ》の馬に乗る。奥州には羆がおらぬから、その地の馬は羆を恐れない。

疑うのであれば、試しに馬場の真ん中に羆の皮を敷いて駒を進めてみよ。

松前産の馬は怖がって進まないが、南部産の馬はこともなげに皮を踏んで進むであろう。

ちなみに、羆の皮は拡げると畳三畳ほどある。虎の皮の三枚分にあたる大きさだ。また、生えている毛は深く、人の手を五つ重ねてもなお、手が毛に隠れるほどである。

他国にはこのような熊はまず見られない。

◎熊胆《ゆうたん》のこと(一)——「世事百談」巻之三

某書にこうある。

「妊婦がにわかに昏倒し、口から舌を出し、手足を痙攣させて人事不省に陥《おちい》ることがある。これを子癇《しかん》という。

この時、熊胆を濃い目に水へ溶いて飲ませると、たちまち平癒する。従って、妊婦のいる家では、熊胆を常備しておくべきである」

熊胆は妊婦ばかりか小児の急病にも効く。その意味でも、この書の説く通り、家に常備しておきたい妙薬なのだが、ひとつ問題がある。

買い入れる際、真贋をどうやって見分けるか。

というのは、世に出回っているものには、偽物が多いからである。

本物を見極める簡便な方法は、米粒ほどをこそげ取り、茶碗に汲んだ水へ落としてみることだ。

糸を引いてくるくると廻り、容易に溶け散ったり沈んだりしないのが、本物である。他の獣の胆も廻ることは廻るが、熊程ではないから、区別がつきやすい。

ところが、これを知って、最初から糸をひきやすいように造った、手の込んだ偽物もある。苦

明治時代の熊胆の引札

味のある草根木皮を煎じて、巧妙に練り固めるらしい。

それを見破るにはどうするか。

少量を火の上に置けば、一目瞭然だ。

本物は、跡形もなく消える。しかし、偽物は燃え滓《かす》が残る。

このことさえ心得ておけば、特に鑑定人がいなくとも、素人だけで判断がつくであろう。

◎熊胆のこと(二)——「草廬漫筆」第五

本物の熊胆は、舌の上に置くと、最初こそ相当苦いが、次第に甘苦く感じられてきて、やがては口中が爽《さわ》やかになる。

ただ苦いだけのものは偽物だ。

また、捕らえた熊をすぐに殺さず、しばらくの間、飼養してから捌いて取り出した胆は、口へ入れると生臭い。そういった代物の効能は著しく低いのは当然である。

◎熊狩り——「東遊雑記」巻十六

松前では、熊と言わず鬼熊というらしい。

本土の熊より身体が大きい。なにせ怪力で、馬を襲う際には、まず首と尾を掴んで二つ折にして殺し、これを背に担いで、矢の如く走るという。

鬼熊が出没したと知らせがあると、近隣の往来は何か月も止まる。

そんな折には、松前侯からの命で鉄砲隊が派遣され、熊狩りがおこなわれることもある。

鬼熊にはとにかく大勢でかかるべきで、一人で撃ちとるのは絶対に無理である。例えば、弾が急所を外れて足に当たったとしたら、鬼熊は空いた穴にそこらの草を引きちぎって押し込み、血を止めた上で、撃った者へ猛然と襲い掛かって来る。

刃物を向けても、鬼熊は白刃を平気で握って掴み取ってしまうので、剣術など何の役にも立たない。

だから、先の尖った刃物で突く他ないのだ。

◎友とは何か──「天草本伊曾保物語」

二人連れの男たちが山道を往くうち、大きな熊に出喰わした。

一人は慌てて木の上へ逃げたが、もう一人は勇敢にも熊と闘い始めた。

しかし、やがて精も根も尽き果て、このままでは勝ち目がないと悟ると、世人のよく言うように死んだふりをして、何とかやり過ごそうとした。

熊は動かなくなった男へゆっくり近づき、口や耳のあたりを嗅ぎ廻った。そして、息をしていないと思ったのか、そのまま去って行った。

これを見た樹上の男が降りて来て、

「大丈夫か」

と訊ねると、地面に寝ていた男が言うには、

「先刻、熊に小声でいいことを教わった。『危ない目に遭っている友達を見捨てるような奴とは、今後、付き合うな』だとさ」

◎子熊の愛嬌――「閑田耕筆」巻之三

旅の途中、道端で果物を売る女に遭った。繋いだ子熊を傍に置いて商いをしていた。

数個買い、その内のひとつを何気なく熊へ与えてみた。

これを見た女が、

「美味《うま》いなら、美味いとお言いよ」

と熊に声を掛けた。

すると、熊が唸り声を上げた。それがいかにも、

「美味い、美味い」

と言っているように聞こえた。

面白いので幾度か繰り返したが、熊はその都度、

「美味い、美味い」

と唸った。

なんでも、伊吹山でまだ乳飲み子だった頃に捕まえて、三年ほど育てているのだという。それでも身体はまだまだ小さいように思われた。

その場にいた別の旅人が、

「見世物へでも売ったらどうだ。これだけの芸をするんだし、結構な銭になるはずだぜ」

と言うと、女は、

「いままで可愛がってきたんだ。なんで今更、売るもんかね。これから先もずっと飼うよ。それに、こいつのお蔭で果物もよく売れるしね」

と答えた。そう言われて、旅人は言葉が継げなくなった。

誠に殊勝な答えで、いまだに忘れられずにいる。

◎**熊の舌——「甲子夜話」巻之四十八**

昔、ある侍が従者を連れ、山中で夜網《よあみ》（夜に網をうって漁をすること）をした。

帰路、暗い中で何やら獣に出喰わしたが、従者はてっきり野良犬だと思い、

「ええい、あっちへ行け」

と追い払った。

すると、相手は二本足ですっくと立ちあがり、従者へ襲いかかった。熊だったのだ。

侍は少し先を歩いていたが、悲鳴を聞いて振り返ると、従者が熊に組み敷かれ、最早、絶体絶命だった。

そこで、取り急ぎ、手に持っていた松明《たいまつ》で熊の身体を打ち据えた。

ところが……。

何度も打つうちに火先が折れ、大事な灯火が消えた。

あたりは漆黒の闇で、何も見えない。

侍は勇気を奮って、しゃにむに熊へしがみついた。

その後、しばらくは揉み合ったが、所詮、熊の怪力には勝てず、侍までも組み敷かれ、幾度か噛まれてしまった。

無論、腰の刀を抜こうとしたのだが、首にかけていた網が手に絡まって叶わなかった。

こうなれば仕方がない。

侍は、またしても噛みついてきた熊の口中へ手を入れ、舌を掴むと、力の限り引っ張った。

さすがの熊も、この攻撃には意表を突かれた。

また、舌がちぎれそうで、猛烈に痛かったから、熊はとうとう二人のことを諦め、暗闇の彼方へ走り去って行った。

さて、俗に、

「熊に毒無し」

と言うがまさしくその通りで、侍の傷は数日で癒え、あとひく障《さわ》りもなかったという。

◎熊茶屋の女――「甲子夜話三篇」巻之七十一

あるところに、「熊茶屋」という名物店があった。店先に熊を繋いで飼っているからであった。

しかし、客の本当のお目当ては、熊ではなく、ここで働く娘だった。

非凡な容色で、心奪われぬ男はいなかった。

ただ、天は二物を与えずと言うべきか、甚《はなは》だ愚鈍で、客に何を言われても、「ご冗談ばっかり」

しか言わなかった。否、憶えている言葉がそれしかなかったのだった。

それでも、こぼれんばかりの色香に迷い、今まで数人の高禄の侍が、娘を妾として屋敷に置いた。

しかし、あまりに愚鈍だったので、どこのお屋敷でも十日もしないうちに娘を叩き出した。

ともあれ、彼女目当てに連日、大勢の客が押し掛けるから、店はずいぶん儲かっていた。

思えば、客寄せのために店先に置かれた熊だったが、珍しがる人もとっくの昔に絶えた。熊のことなど、誰も気に掛けなくなっていた。

それ故だろうか、ある日、熊は檻を破って外へ出ると、娘を喰い殺したという。

おおかみ——狼

◎愛宕山の悲劇——「筱舎漫筆」巻之九

とある酒屋に奉公する少年が、愛宕山参詣の帰路、盗賊に襲われ、身ぐるみ剥がされた。盗賊たちは、丸裸にした少年をかたわらの樹の幹高く縛り付けて逃走した。

少年は泣き叫んだが、暗い山中で誰も助けには来ない。

そのうち、匂いを嗅ぎつけて、一匹の狼がやって来た。

狼は、高く縛り付けられた少年が身動き出来ないことを看て取ると、悠々とつま先から齧って喰い始めた。

少年は絶叫しながら足を動かして抵抗したが、無駄だった。

狼はそのまま脛、膝と喰い進み、伸び上がって腿にまで齧りついた。少年は息絶えた。

狼は口が届く限りのところまで喰ったが、それ以上はどう頑張っても身の丈が届かない。

狼はようやく諦め、静かに暗い山中へ消えて行った。

翌朝、柴刈りのために山へ入った人が少年の遺骸を見つけた。

世間には、斬首・釜茹で・磔《はりつけ》など怖ろしい刑罰があるが、罪のない身で、生きながらつま先から狼に喰われて死ぬとは、なんと酷《むご》い出来事であろうか。

◎野猪を防ぐ――「中陵漫録」巻之六

備中今津の山中に小祠《しょうし》がある。

村の田畑が猪に荒らされると、代表者がこの小祠へ参り、霊符を授かって村へ持ち帰る。

言い伝えでは、この時、一匹の狼がその者の後を付いて村まで行き、猪を喰い殺すのだという。

ただ、奇妙なことに、その狼は目に見えない。だから、付いて来られた者も普通は気付かない。

ただ、途中にある川を飛び石をつたって渡った際、よく見てみると、自分の足跡以外の場所が水で濡れていることがある。狼が付いて来ている証拠である。

なお、件の狼は、夜のうちに野猪を皆殺しにして、朝には小祠へ戻って行くという。

◎**秘すれば花**――「**煙霞綺談**」**巻之一**

狼は交尾中の姿を人に見られると、その者の顔をよくよく見憶えておいて、何年かかっても必ず仇《あだ》をなすという。

それを防ぐには、衣服をめくり陰部を二頭に見せながら通り過ぎるしかないらしい。

◎**舌と目**――「**天草本伊曾保物語**」

猟師に追われた狼が、茂みへ飛び込み、身を隠した。

ところが、ちょうどそばに男がいたので、

「命を狙われております。どうか知らない振りをしておいて下さい」

と慇懃《いんぎん》に頼んだ。

男は、「承知した。心配しなさんな」

と答えた。

しばらくすると、息せき切って猟師がやって来た。

「ここらで狼を見なかったか」

と訊ねるので、男は、

「ああ、それなら、向こうの方へ逃げて行ったよ」

と口では言いながら、目でしきりに猟師へ合図した。

ところが、猟師は思いの外、愚鈍でそれに気付かず、教えてもらった通りのとんでもない方角へ駈けて行ったきり、戻って来なかった。

男が狼に向かって、

「さあ、もう大丈夫だ。俺はお前さんの命の恩人だ。忘れるなよ」

と声を掛けると、狼は、

「おっしゃる通り、あなたの舌先には感謝致しますが、両の眼はえぐり出してやりたいですよ」

　と吐き捨てるように言った。

◎**二頭の狼**——「**日本書紀**」**巻十九**

欽明天皇は、継体天皇の嫡子である。

天皇は、幼少期にこんな夢告を得た。

「秦大津父《はだのおおつち》という者をおそばに置きなさい。さすれば成年に達するや、天下を治められることでしょう」

そこで、翌朝目が覚めると、すぐさま方々へ使者を遣わして、その者を尋ね歩かせた。

そしてようやく、山城国深草里《ふかくさのさと》にいることを突き止めた。姓名も、夢で告げられた通りであった。

天皇は驚喜し、早速、秦大津父を召し出した。

そして、

「今までその身に、何か変わったことは起こらなかったか」

と訊ねた。

すると、秦大津父が答えたことには、

「思い当たることといえば、伊勢からの帰り道で起きた、あの一件くらいでしょうか……。実は山中で、二頭の狼に出喰わしたのです。互いに咬み争って血まみれでした。それ故、私は馬から下り、口や手を水で洗い清めてから祈請し、こう申し上げました。『あなたがたは貴い神様でいらして、しかも時として荒々しい所業も好まれると伺《うかが》っております。しかし、今のようなご様子ですと、仮に猟師でも現れようものなら、双方共に易々と捕らえられてしまうことでしょう』そうやって咬み合うのを止めさせ、毛に付いた血糊を洗い流して差し上げました。二頭共に命が助かって、ほっとしたのを憶えております」

天皇は、

「その一事が報われたのであろう」

と納得し、その後は夢告通り、秦大津父を重用した。

◎**大口神《おおくちのかみ》**——**「大和国風土記」逸文**
昔、明日香の地には老狼がいて、大勢の人を襲って喰った。人々は畏《おそ》れて、「大口神」と呼んだ。

それ故、その狼が棲むところは「大口真神原《おおくちのまかみがはら》」と名付けられた。

◎**頑強な狼——「谷の響き」五之巻**

狼は、想像以上に屈強で、怪力の持ち主でもある。

例えば、こんな話がある。

昔、ある村の藤次郎の飼っていた馬が死んだ。

そこで、重い死骸を苦労して山へ運んで捨てたところ、早速、狼どもが嗅ぎつけて食い漁り、しばらく経つと、あれだけ大きかった馬の身体は、後ろ脚二本と腰の肉が残るばかりになった。

そこで村の四、五人が一計を案じ、

「これを餌にして狼をおびき寄せて、退治しよう」

ということになった。

そこで皆で力を合わせ、よかれと思う場所まで、馬の屍体をどうにかこうにか引きずって運んで行った。

しばらくすると、狙い通り、一匹の狼が現れた。

狼は、置いてある肉塊を大きな口を開けて咥えると、首をぐっと差し上げて、男たちが密か

大嶽神社と武蔵御嶽神社の大口真神の護符

に見守る中を悠々と歩み去って行く。

そこで、二人が同時に鉄砲を撃ちかけた。

ところが、である。

一発は胸に命中し、もう一発は股を貫通したにもかかわらず、大して弱った素振りも見せず、馬を咥えたまま、走り続けた。そして、十六、七間も進んだところで、ようやく倒れた。

そこで、追いついた数人が手に手に刃物を持って近づいたところ、狼は手負いでありながら再び立ち上がって、なおも喰らいつこうとするのであった。

一同はそうした逆襲をなんとかやり過ごし、その後、総掛かりで襲い掛かり、ようやくのことで難敵の息の根を止めることが出来たという。

◎**狼と犬**——**「東遊雑記」巻之二十一**

奥州では、狼を「おいぬ」とやや敬って呼ぶ。

現地の人に「おほかみ」と言っても通じない。

この地では、田畑の害獣である鹿を喰ってくれるというので、狼が現れるのをむしろ歓迎する。従って、上方・中国筋の人々ほどには、狼を恐れない。

万一、山中で狼に出喰わしても、悲鳴を上げたり、走って逃げたりせず、
「おいぬさま、油断なく鹿を逐《お》うてくだされよ」
と慇懃に挨拶して、前を歩み過ぎるという。

◎源為朝と狼——「椿説弓張月」第二回

為朝が十五歳の折、とある山中で道に迷い、さ迷い歩いたことがあった。

すると、一本の樹の下で、狼の子が二匹、血みどろになって咬み争っているところに出喰わした。どうやら、かたわらの鹿肉をめぐって戦っているようだった。

二匹の死闘を見ながら、為朝はしみじみ思った。

「他人の官位を羨《うらや》み、己の禄が少ないと恨み、欲望のために父子兄弟でもお構いなしに殺し合う。我々人間の所業も、この狼どもと変わらぬではないか」

大事なことに気づかせてくれた礼をしてやろうと思い、為朝は、弓の端で二匹を引き剥がし、一匹ずつ脇へはねのけて、こう言った。

「いつまで争う気か。お前たちがそうやって戦い続けて弱れば弱るほど、見ているわしには好都合となる。二匹を労せずして捕らえることが出来るからな。それでもよいのか。食べ物をめ

ぐって咬み合っているようだが、その争いのせいで人間に捕まり命を落としては、元も子もないではないか」

こう諭され、二匹はおとなしくなった。

互いの鮮血をねぶりあい、頭を低くして、心服した体《てい》で為朝のそばへ寄った。

この後、為朝は、捜しに来た家来と巡り合い、無事に下山出来たのだが、二匹の狼は逐うても逐うても、ずっとついて来て、とうとう為朝の居処まで来た。

そこで為朝は、二匹を「山雄《やまお》」「野風《のかぜ》」と名付けて、飼い犬のように可愛がって育ててやった。

◎不思議な村人――「北窓瑣談」巻之二

肥後・豊後・日向の境にある村々は、尋常ならざる山奥に散在する。

ある年、何十という病狼《びょうろう》（狂犬病に罹った狼）が出没して次々に村人たちを襲い、多数の死傷者が出た。

これを聞いた領主は憐れみ、直ちに医師を遣わした。

しばらくの後、療治にあたった医師が町へ戻って来たが、しきりに首をかしげている。理由を訊ねると、医師が言うには、

「椿説弓張月」より
源為朝と狼

「狼の咬み跡はそれはそれはむごいもので、大きな疵は縫わねばなりませんでした。ところが、幼い子どもであっても、ちっとも痛がらないのです。あの地は山奥で塩をほとんど摂らないから、痛みを感じぬ体の按配になっているのか。それとも、狼の口から入った毒で傷口のあたりが痺れて、痛みを感じないのか。とにかく不思議でした」

◎両国の狼――「半日閑話」巻之十三

両国の見世物小屋で人気を集めていた狼が逃げ出し、浅草の市に来ていた人々はそれを聞いて騒然としたらしい。

「無事に仕留められたらしい」

と言う人もいるが、

「いやいや、今も見つかっていないんだ」

と心配する人もいる。

そう言えば以前、

「市に虎が出た」

という噂があったのを思い出した。

◎**消えた相撲取**――「反古のうらがき」巻之三

昔、鬼面山という相撲取がいた。身の丈九尺余、重さは四十貫ほどの大男で、怪力無双で知られた。

ある時、鬼面山が弟子を大勢連れて、江戸から某地へ地方巡業に出た。

さて、同地に着いた鬼面山は、夕刻、所用のため、独りで出かけると言い出した。これを聞いた土地の者は、

「途中の山道は、日暮れになると狼が出ます。およしなさい」

と止めたが、少し酔っていたこともあり、

「このわしに怖いものなどござらん」

と聞き流して、出掛けてしまった。

勿論、皆は心配したが、

「そこらの男が十人二十人、束になってかかっても平気な御方だ。まず、大丈夫だろう」

とも思い、無理矢理、押しとどめることはしなかった。

ところが……。

鬼面山は翌朝になっても戻らなかった。

人々が怪しんで道筋を辿って捜しに出ると、山道の入り口の少し小高い丘の辺りで一匹の狼が血を流して死んでいた。胸騒ぎがして更に行くと、道沿いに狼が五、六匹死んでいた。石で打ち殺されたものもいたし、身体を引き裂かれたものもいた。

そばに草履や笠が落ちていたが、本人の姿はない。

辺りを懸命に捜したが、血のしたたりがわずかに見つかっただけで、結局、鬼面山の行方は分からなかった。

「狼の群れに襲われて、最初の数匹は殺せたものの、だんだん疲れて防ぎきれなくなり、刃物も帯びていなかったので、とうとうやられてしまったのだろう」

と、皆は噂した。

それにしても、あれだけの巨漢が跡形もなく喰われてしまったとは、いったいどれだけの数に襲われたものか、考えただけで怖ろしい。

◎狼の知恵――「新著聞集」第十

越前国大野郡菖蒲池の畔《ほとり》には、日が暮れると狼の群れが出没して、人々を震え上がらせていた。

さて、ある日、某僧は菖蒲池の近くに住む孫右衛門宅を訪れねばならなくなった。無論、狼の群れと鉢合わせするのは御免だったから、早めに出立した。おかげで池の畔へさしかかった時には、日暮れ前だった。

ところが……。

どうしたものか、狼たちは、その日に限って平素より少し早く現れた。

そこで、僧は慌ててかたわらの高木へよじ登った。こうなったら、樹上で一夜を明かし、群れが去るのを待つほかなかった。

しかし、狼たちは簡単にはあきらめなかった。

木の周りをぐるぐる歩き廻り、時には、

「なんとかしてあいつを喰いたいものだ」

と、うらめしそうに樹上の僧を見上げた。

そのうち、一匹の狼が仲間へ言った。

「これでは一向に埒《らち》があかない。ここはひとつ、菖蒲池の孫右衛門の嬶《かか》に相談しよう」

言われた狼は、

「成程、そいつはいい考えだ。よしっ、俺がひとっ走り行って頼んでくる」

と言うが早いか、駆けて行った。

しばらくすると、ひときわ大きな狼がのっしのっしと歩いてきた。

樹上の僧をつくづく見上げると、やがて、

「おらを肩車せい」

と周囲の狼たちへ命じた。

狼たちは、

「そうか、その手があったか。さすが孫右衛門の嬶じゃ。よしっ」

とばかりに集まると、我も我もと肩車を始めた。

相手の股へ首を差し入れては、ぐっと持ち上げる。その次、その次……と、加わる狼が増えれば増えるほど、一番上に乗った大狼がぐいぐい僧へ近づいて来る。

そしてとうとう、大狼が僧の目の前まで上がってきた。

僧はそれまでぶるぶる震えるばかりだったが、

「このまま手をこまねいていたら、確実に喰い殺されてしまう。かくなる上は……」

と勇気を振り絞り、懐中にあった小刀で、こちらを覗き込んだ大狼の額の真ん中を突いた。

と、その途端、狼たちの塔は一気に崩れ落ちた。狼たちはてんでばらばらの方向へ逃げ去り、
辺りは急に静かになった。

そうこうするうち、ようやく夜が明けてきたので、僧は木から下りて、孫右衛門宅へ急いだ。

ところが、僧が着いた時、屋敷はすでに大騒ぎだった。

なんでも、奥方が昨夜亡くなったらしい。

しかも、奥方の遺骸はしばらくすると、大きな狼に変じたという。

なお、この一族は、子々孫々に至るまで、背筋には狼の毛がびっしりと生えていた由《よし》。

◎**白狼《はくろう》あらわる**——「甲子夜話」巻之四十三

羽州高畠《たかはた》で、白狼が捕獲された。

小馬ほどの大きさがあった。

捕らえた者が早速、荷拵《こしら》えをして、馬で某所へ運ぼうとしたが、荷馬はその荷を背に乗せまいと猛烈に暴れ、手が付けられない。

馬子が訝《いぶか》しがって荷の中身を訊ねるので、荷主が、

「実は……」

と経緯を話すと、

「ああ、それなら馬が嫌がるのも無理はない。悪いが、その荷ばかりはお断りだよ」

と、ぷいと横を向いてしまった。

荷主は仕方なく、荷を駕籠に乗せて運んでもらったという。

◎**熊鷹と狼**——「甲子夜話」巻之七十一

姫路城主が榊原氏から松平氏へ替わった折、飼われていた一羽の熊鷹も引き継がれた。生きた餌しか食べず世話が大変なため、一時は山野へ放つことも取り沙汰されたが、旧城主が残したものなのでやはりそれも憚《はばか》られた。

そして結局、一間四方の籠を拵えて車をつけ、市中を曳き回して飼うことになった。そこかしこへ曳いて行き、着いたところで人々が都度、仔犬や鶏を籠へ投げ入れて喰わせていた。

ある日の夜。

城の北条口を熊鷹の籠が曳かれて行った。

「こんな夜分にいったい誰が……」

と門番が訝しがって見ると、曳いていたのは何と一匹の狼だった。

否、精確に言うと、駕籠へ頭を突っ込んだまま、後ずさりしながら進んでいた。それで自然と車が曳かれる格好になっていたわけである。

おそらく、狼は、熊鷹が喰い散らした犬や鶏の肉の匂いに惹かれてやって来たのだろう。そして、肉にありつこうと、籠の中へ首を差し入れた途端、熊鷹の鋭い爪で両眼を掴まれてしまった。

それ故、なんとか首を籠から抜こうと、後ずさりを続けていたものと思われる。

ちなみに、狼が曳く奇妙な車は、北条口を抜け、一里ほど離れた山中へ至ってようやく止まった。見れば、熊鷹も狼も力尽きて、共に死んでいたという。

◎**狼の威厳**――**「甲子夜話」巻之八十一**

ある男が、深山で狼の子を捕まえた。身体は猫より少し大きいくらいで、なんとも愛らしかった。

男は城下で、その狼の子を見世物小屋へ売った。

珍しい上に可愛らしいというので、狼の子は人気の的だった。

さて、ある日、大きな犬を連れている者が通りかかったが、呼び込みに惹かれたものか、

「お前にもいいものを見せてやろう」

と言いながら、一緒に見物しようとした。

ところが、距離はずいぶん離れているにもかかわらず、犬は狼の子を怖がって、一向に前へ進もうとしなかった。このため、飼い主は見物を諦めて、家へ戻ったという。

この様子を目の当たりにした人たちは、

「さすがは狼だ。幼いながらも威《い》が具《そな》わっている証しだ」

と感心することしきりだった。

◎狼の後悔――「甲子夜話続篇」巻之三十六

狼が山道で人間が来るのを待ち伏せていた。

ある日の早朝、麓《ふもと》の方から早飛脚が走って上がってきたので、

「しめしめ」

と狼が大口を開けて道に陣取っていたところ、飛脚は知らずに狼の口から走り入り、体内を通って尻穴から駆け抜けて行った。

その後ろ姿を見ながら、狼が嘆息して言うには、

「やれやれ、こんなことならば、褌《ふんどし》をしてくれればよかった」

◎**白隠《はくいん》和尚と狼**――「甲子夜話続篇」巻之三十六

ある時、某村の農夫が山中で狼の子を殺した。

以来、怒った狼たちが頻々《ひんぴん》に村へ現れて害をなすので、皆は困り果てていた。

噂を聞きつけ、高名な白隠和尚が村へやって来た。

「こうした折に世の役に立つのが、出家の役目」

と心得た和尚は、村外れの墓所へ独り赴き、坐禅を組んだ。

すると、狼どもが早速、嗅ぎつけてやって来た。

そして、鼻先で和尚の顔を小突いたり、長い舌で頬を舐め上げたり、坐禅している和尚の頭上すれすれを何度も飛び越えたりした。

ところが、和尚は一向に動じない。

畜生といえどもその心根に感じ入ったのか、しばらくすると狼たちは静かに村から去って行ったという。

◎**狼と焚火**――「甲子夜話続篇」巻之三十八

ある地の猟師が狼の子を拾い育て、長じた狼を猟犬代わりに使っていた。鹿や兎を捕るのに巧みであったので、猟師は大いに重宝し、ずいぶん可愛がってやっていた。

ある日の夜、猟師は鹿撃ちのために狼を連れて山へ入り、小屋の焚火の前でうとうとしていた。

すると、狼がすっといなくなり、やがて戻って来た。寝ぼけ眼《まなこ》で見ていると、狼は火のそばで激しく身震いした。どこかで全身の毛を濡らしてきたらしく、辺りへ水しぶきが飛んだ。

それが済むと、狼はまたいなくなり、しばらくすると戻って来て、また身震いした。水しぶきがまた四方へ飛び散った。

これが三、四度に及んだ。

猟師がつらつら考えたことには、

「こいつは近くの谷川へ行って身体を濡らしてきては、ここで身震いして水滴を飛ばし、この焚火を消そうとしているのではないか。首尾よく焚火が消えて小屋の中が真っ暗になったら、俺を喰い殺すつもりなのだろう。ええい、そうはさせるか」

猟師は寝たふりを続けて狼が外へ出るのを待ち、姿が見えなくなった途端に鉄砲を隠し持った。

やがて狼が帰って来た。

今度は全身の毛に十二分に水を含ませてきたらしく、身を震わせると大量の水が飛び散って、焚火にかかった。

そのせいで、いよいよ焚火が消えようとした刹那、猟師は機先を制して発砲し、狼を撃ち取った。

「狼という奴の性根は、心底、恐ろしい」

と、猟師は後々まで語っていたという。

◎化ける狼――「北越雪譜」二編巻之二

中国の「太平公記」畜獣部には、こんな話が載る。

狼は美女に化けて、少年と情を交わすことがある。

あるいは、ある者の母に化けて何十年も一緒に暮らし、齢七十になってからおもむろに正体を顕《あらわ》して逃げ去ったこともあるという。

また、ある男の父を喰い殺し、長年、その父になりすましていた狼もあった。ある日、その男が山で桑を採っていると、狼が現れて人間のように立ち上がったので、斧で額を斬りつけたところ、狼は逃げ去った。

やれやれ助かったと帰宅して見れば、父の額に同じ傷があったから正体が狼だと悟り、すぐさまこれを殺すと、父の死骸は老いた狼へ変じたという。

◎**一家の悲劇**——「**北越雪譜**」**二編巻之二**

ある山村の農夫・某は、老母・妻・十三歳の息子・七歳の娘とつましく暮らしていた。

二月のある日。所用で二里ほど離れたところへ出掛けることになった。途中には山道もあるので、心配した老母の勧めに従って、鉄砲を携えて行った。

さて、夕方、ようやく自分の村の近くまで戻って来ると、雪の山陰で一頭の狼がしきりに何かを喰っている。あやまたず撃ち殺して近づいてみると、人間の片足であった。

「村も近いことだし、まさか……」

と胸騒ぎがした農夫が、狼の死骸はそのままにして我が家へ急行すると、家の前の雪がところどころ血で染まっている。

驚いて家へ入ると、二頭の狼が入れ違いに逃げ去った。

農夫は、屋内の光景に呆然とした。

囲炉裏の傍では、老母が身体を無残に喰いちぎられて死んでいた。片足がないところをみると、先刻、山蔭で狼が喰っていたのは、老母の足であろう。

妻は窓の傍で喰われて、血だまりに沈んでいた。虫の息だった妻は、夫の姿に気づくと懸命に起き上がろうとしたがかなわず、ただひと言、

「狼が……」

と言い残して、事切れた。

七歳の息子は庭に倒れており、喰われて身体の半分がなかった。

農夫はあまりのことに、しばらくはただ立ち尽くしていた。

が、はっと我にかえり、狂ったように娘の名を呼んだ。

すると、床下から娘が這い出してきて、父にすがりついて泣きじゃくった。

この家は山間にあって、他の家とは少々離れているので、この事件に気づいた者はなかった。

しばらくして、ようやく報を耳にした村人たちが、次々、駆け集まって来て、惨状に目を覆った。

泣き止まぬ娘からなんとか聞き出したところによると、三頭の狼が突然、窓を破って屋内へ躍り込んで来たのだという。

「おらはちょうど竈《かまど》で火を焚いてたから、床下へ潜り込んだが、ばあ様と母様と弟は襲われた。悲鳴が聞こえた。とにかくおらは怖くて、床下でずっとお念仏を唱えとった」

と言った。

翌日、ふたつの棺を用意し、片方へ老母を、もう片方へ妻と息子をおさめて、弔いを出した。皆は涙に暮れた。

農夫にすれば、母の片足を齧っていた一頭は仕留めたものの、残りの二頭をみすみす逃がしてしまったことが口惜しくてならなかったが、最早どうしようもなかった。

弔いが済むと、農夫は家を捨て、娘を連れて巡礼に出たという。行き先は分からない。

◎狼の肝《きも》――「楓軒偶記」巻之二

ある年の春、狼が現れて狂ったように暴れ出し、紅葉村の老婆を喰い殺した。

大勢の村人たちが狼を棒で打ち殺し、腹を裂いてみたところ、肝に針金虫のようなものが喰いついていた。

この虫のせいで、狼は狂い出したのかもしれない。

人間が正気を失うのも、同じような原因なのだろうか。

「北越雪譜」より
一家の悲劇

◎狼の不覚――「傍廂」前篇

石見国での出来事。

某村では、怖ろしい狼が出て人を喰うというので、夕暮れになると往来が稀になった。

ある日の夕暮れ。

十二、三歳になる少女が父に頼まれ、酒屋へ使いに出た帰りに、運悪く狼に出喰わした。

狼は少女に飛び掛かり、少女は持っていた酒器を後ろざまに突き出して、なんとか逃げようと下《おろ》した。

すると……。

襲いかかった狼の口へ酒器がすっぽり嵌まりこんでしまった。

物事の勢いというのはこわいもので、狼の跳躍が力強かった分、酒器は狼の口腔深く喰い込んだ。狼は狂ったように暴れたが、酒器はずれもせず、抜けもしない。やがて狼はその場で悶死した。

狼に酒器を捕られてどうしてよいか分からぬ少女が道端で泣いていると、騒ぎを聞きつけた村人が集まって来た。

事の顛末を少女から聞いて、皆は仰天した。

少女の思わぬ狼退治の話は、近郷近在で大評判になったという。

◎綾川五郎治の最期——「寐ものがたり」

綾川五郎治という相撲取が田舎へ往く途中、山の麓の酒店で痛飲するうち、日暮れになった。

「ここらは暗くなると狼が出る。今から峠を越えるのはおよしなさい。明日の昼まで待って、他の旅の御方と一緒に、なるだけ大勢で歩かれるのが良策じゃ」

と店の主人は言ったが、五郎治は、

「この綾川は、世の中に怖れる人間などおらん。まして、人ならぬ畜生如きが何の恐ろしかろう」

と言い放って、峠の道を登って行った。

やがて、店の主人の懸念通り、狼たちが現れた。おびただしい数だった。

翌朝になっても五郎治が山から下りて来ないので、心配した者たちが安否を確かめに行った。

すると……。

辺りには、二、三十頭の狼が斬り殺されて死んでいた。

そして、その屍の山の向こうでは、狼との激闘で精も根も尽き果てた五郎治が、血刀を杖にして寄りかかったまま死んでいた。

◎狼を突く――「待問雑記」上巻

夜中、狼が出そうな山道を往く時には、三、四寸ずつに切った火縄数本に火を点し、そこかしこの木の枝や草葉の先などに結びつけながら進むとよい。

そうすれば、前から見ても後ろから見ても、いくつもの火が狼の目に映じるから、たとえ旅人が一人であっても、狼は怖れ、襲ってこない。

もし、そのような備えがなく、不運にも狼に襲われた場合には、刀で突くことだけを考えること。まちがっても、刀を振り上げて斬ろうとしてはいけない。狼の身体にうまく刃を突き立てたら、抜かずにそのまま深く突き入り、えぐり込むように突き通すことが肝要である。

それをせず、一度突けたからといって、

「再度突いて、とどめを……」

などと考えて、せっかく突き立てた刀を直ぐに抜いてしまうと、途端に逆襲に遭い、喰われてしまう。

こうした心得がなく、いたずらに刃物を振り回すだけでは、ほどなく狼の餌食になってしまうだろう。

葛飾北斎
「北斎漫画」より
狼

狐狸の章

中村惕斎「訓蒙図彙」(1666)より

きつね――狐

◎**狐の呼び名**――「物類称呼」巻之二

東国では、狐を昼は「きつね」、夜は「とうか」と呼ぶ。

また、常陸の国では、白狐を「とうか」という。

世俗では狐を稲荷《いなり》のお使いと考えているから、「稲荷」の二文字を音読みして「とうか」と称するのに違いない。

◎**老人と駕籠屋**――「退閑雑記」巻之二

ある時、ひとりの老人が狐の皮を購《あがな》った。

ずっと手に持っているのも煩《わずら》わしいので、毛皮を腰に巻きつけ、その上へ羽織を被せるように着て、夕暮れの家路を急いだ。

だが、しばらく進むとひどく疲れてきたので、ちょうどそこらにいた駕籠屋に乗せてくれるように頼んだ。駕籠屋が、

「で、旦那、どちらまで行かせて頂きましょうか?」

と訊くので、老人は、

「稲荷橋までやっとくれ」

と答えて乗り込んだ。

すると駕籠屋は、何を思ったか、稲荷橋まで早駆けに駆けた。

そして、あっという間に稲荷橋に着いた。

老人が駕籠から降り、駕籠賃を払おうとすると、駕籠屋は二人とも、土下座して頭を地に擦りつけ、

「お代を頂くなんて、滅相もない。ただ、これから先、わしらの無病息災をどうかお願いします」

と畏《かしこ》まった。

老人は訳が分からなかったが、とりあえず駕籠賃はきちんと渡しておこうと思って近づくと、二人は素早く空《から》の駕籠を担ぎ上げ、飛ぶように逃げ去って行った。

老人は、訝《いぶか》しがりながら帰宅した。

家人に先刻の出来事を物語りながら着替えた。

と、その時、羽織の裾から、狐の尾がはみ出ていることに気づいた。

「ははん、奴らはこれを見て、わしが稲荷明神の化身だと思ったのだな。降りた場所が稲荷橋

だったから、猶更《なおさら》だ」

と合点がいって、大笑いした。

◎**横取りした報い**――「中陵漫録」巻之四

肥前国島原に住む男が、捕ってきた鶏を地へ埋める狐の姿を見た。

そこで、狐が去ってからこっそり掘り出して持ち帰り、その夜、友人たちと鳥鍋にして喰おうとした。

すると……。

村の長《おさ》の下僕が訪ねて来て、

「鶏を手に入れたと伺いましたが、私へ譲って頂けませんか。長に食べて頂こうと思うのです。その代わりと申しては何ですが、この鷺《さぎ》を差し上げますので、これを皆様で召し上がって頂ければと思いまして……」

と言う。

長の名を出されては断るわけにもいかない。

男は鶏を差し出し、代わりに鷺を受け取って、酒宴を始めた。

一同は大いに飲み、鷺を煮て喰った。ただ、何やら酸っぱい味がして、決して旨いものではなかった。

さて、翌朝。

酔いから醒めてよく見れば、一同が煮て喰ったのは、鷺ではなかった。過日、疱瘡で死んだ赤子だった。おそらく墓から掘り出してきたのだろう。

驚いて長の家へ行って訊ねてみたが、下僕のことも鷺のことも、何の話だかさっぱり分からぬという返事だった。

どうやら、悪賢い狐に手ひどい仕返しをされたものと見える。

◎樵《きこり》の生き地獄――「中陵漫録」巻之七

ある時、備中鳴輪《なりわ》の山中で樵が木を伐るうち、そばにいた狐を過《あやま》って傷つけてしまった。

その後、三十数年が経ち、頑強だった樵の体力がようやく衰えてきたところを狙いすまして、例の狐の霊がとり憑いた。

「あの折はよくも俺を傷つけてくれたな」

と口走って樵は狂乱し、鋭利な鎌を持ち出すと、己の腹を裂いて臓物を引きずり出した。

そして、大腸を箪笥の環に掛け、いままさに鎌で切り去ろうとしたところを、ちょうど外から帰って来た妻に阻まれ、騒ぎを聞いて駆け付けた隣人たちに取り押さえられた。

医者を呼び、あれこれ療治をして何とか一命はとりとめたものの、以後は飲食をすると、腹の傷口から飲み食いしたものがそのまま出てしまうという、悲惨な有様だった。

樵が亡くなったのは、それから三年後だった。

「五臓が傷付き、飲食もろくに出来なかったにもかかわらず、よくぞ三年も生き永らえたものだ」

とある人が言ったところ、

これを聞いた別の者曰く、

「無論、普通の人間なら、すぐにお陀仏さ。そこを三年も生きたのは、例の狐の通力のせいだよ。あいつが少しでも長く苦しい目をみるように、寿命を出来る限り延ばしてやったというわけさ」

◎**笑う狐**——**「古今雑談思出草紙」巻之二**

享保年間（1716–36）のこと。

浪華の医師・某には、懇意にしている老夫婦があった。

齢七十くらいで、真田山のそばに住んでいた。どうやって生計を立てているのか、生国はどこなのか等、とにかく分からないこと尽くしの老夫婦だったのだが、風流を解するところに惹かれて、某はちょくちょく彼らの家へ遊びに行っていた。

さて、ある日、某が老夫婦を訪ね、談笑していると、来客があった。

見れば実に立派な身なりの侍で、座敷で老人に向かって深々と頭を下げ、何やら謝意を述べていた。

老人は、

「以後、くれぐれもお気をつけなされ」

と言い、妻女に、

「さあさあ、堅苦しい話は終わった。この間、手に入った例の品をお客様へお出ししてくれ」

と声をかけた。

しばらくして、妻女は牡丹餅を菓子盆に乗せて持って来た。

侍は、

「これが好物なのでござる」

と相好を崩し、早速、食べ始めた。

ところが……。

食べ始めたといっても、手で取って食べたのではないのである。畳に両手をつき、箸の類《たぐい》も使わず、口を近づけて貪り喰ったのであった。

犬猫が餌を喰うのと同じような姿であった。

某は訝しがりながら様子を見ていた。

老人が、

「もう家へ戻るのかね」

と訊ねると、侍は、

「左様です。今から向かえば、日暮れ前には着けるものと存じます」

と答え、辞して行った。

あとに残った某は、

「あのお方はどちらまでお帰りなのですか」

と聞いた。老人は、

「丹波の篠山です」

と答えた。

これを聞いて某は驚いた。

ここから篠山までは十六里ほどある。今から歩いて向かって、日暮れまでに帰ることなど、出来ようはずもない……。

某の困惑を看て取り、老人は言った。

「うすうすお気づきかもしれぬが、あいつの正体は狐です。先ごろ、悪心を起こして人間を誑《たぶら》かし、さる筋からお咎《とが》めを受けるところだったのですが、私が口をきいてやったもので、なんとか赦《ゆる》されたのです。その礼を言いに来たわけですよ」

「ところで貴殿は、先ほどの侍の着物の色を憶えておられるかな」

言われた某は、

「何を馬鹿な。あの侍はつい先ほどまで私の目の前にいたのだ。忘れてたまるものか」

と内心、少々むっとした。

ところが……。

いざ思い出そうとしても、どういうわけか思い出せない。

何故だ……。

まごつく某を見て、老人は笑った。

「さてさて、これでお分かりでしょう。立派な身なりだったことは憶えていても、色が思い出せない不可思議。狐が人間へ化けると、その者の衣服の色は、見た者の記憶には残らないものなのです」

それからしばらくすると、老夫婦はどこかへ転出した。行方は分からない。きっと、あの二人も狐だったのだろう。

◎狐の薬効――「本朝食鑑」巻之十一

今の人は狐の肉を好んでは食べない。

ただし、脂を採って膏《こう》に練り、皮膚の瘡《かさ》や腫れものに塗る。そうすれば治りがはやい。

◎去り行く狐――「古今雑談思出草紙」巻之二

丹波国の百姓・門太夫の屋敷の裏山には、老狐が棲んでいた。

昼間は人間に化け、よく効く膏薬を製しては町中で売り歩いた。そうやって得た金子《きんす》で人間としての暮らしを立て、夜になると裏山の岩穴に臥した。

門太夫一家も村人たちも、彼の正体を分かった上で「おぢい」と呼んで、普通に付き合った。

おぢいは博学で、知らないことがなかった。

特に大昔のことでも実際に見聞きして憶えているので、例えば大水で村の田畑が流された時など、畔《あぜ》や垣が残っていなくても、ここまではこの人の土地、ここからはあの者の土地……といった具合に指し示すことが出来た。お蔭で村では土地の境に関する争論がなくなり、皆は大助かりであった。

そんなある日、おぢいが門太夫の前に畏まると、落涙しながら、こう述べた。

「ご当家には長きにわたってお世話になりましたが、お暇を頂戴せねばならなくなりました。と申しますのも、京都の藤森から使いが参りまして『今後は藤森に住まいして官にのぼるべし』とのお達しがあったのです。それ故、この地を引き払って、かの地へ移り住みます。今日までのご厚情、誠に有難うございました」

門太夫一家も淋しさに涙していると、おぢいは、

「今後、ご当家に吉凶の事が起こらんとする際には、必ずお知らせ申し上げますので……」

と言い残して、去って行った。村人たちも別れを惜しんだ。

以降、門太夫一家に凶事が起こる前夜には一度、吉事が訪れる前夜には三度、狐の鳴き声が

聞こえるようになった。

そしてそのお告げは、決して外れることがなかったという。

◎神狐か妖狐か――「筠庭雑録」

藤岡竜源寺という寺の藪の中には、狐の穴がある。

堂舎の背後には、夜な夜な神狐が出現するとの噂であった。篝火《かがりび》を焚いて待っていると、宵の口は普通の狐が、真夜中には白狐、玄狐（黒狐）、更には斑狐《まだら》が現れるというので、それを見たさに、わざわざ夜中に参拝する人も多かった。ただし、いつも見られるとは限らない。

私は試しに三夜続けてで見に行ったが、玄狐らしきものを目にしただけだった。なにせ辺りが暗かったので物が見にくく、

「あれは玄狐でなく、黒猫だったのでは」

との疑いを拭いきれない。

さて、過日、寺の別当から、

「玄狐の子の死骸が見つかった」

との知らせがあったので、ひとまず見に行った。

猫くらいの大きさで、爪も含めて全身が黒いが、姿はまさしく狐だった。ただ、尾が細く短いことと腹が異様に脹らんでいたのが気になった。

別当が言うには、

「何か食い物の毒にあたったか、猛暑にやられて死んだのでしょう。去年生まれた二匹のうちの一匹です。これは尾が細い方ですね。もう一匹の尾は太いんです。親はもう少し身体が大きいです。

言い伝えでは、狐は数百年の齢を重ねて初めて玄狐に変ずるとのことですが、こうして見る限り、生まれた時から白は白、黒は黒と種類が分かれているようですね」

諸書によれば、地域によっては、黒斑《くろぶち》狐や灰色の狐も出るそうだ。昔は玄狐を瑞兆《ずいちょう》として尊んだと聞いたことがある。

◎憑いた狐の居場所──「春波楼筆記」
備中の医者から聞いた話。

在所で狐憑きの女を療治したことがある。

なかなか去らないので、全身を揉みしだいたところ、擦《こす》られて腕の先へ凝り固まった。腕を縛ると、瘤のように膨れ上がった。

そこで、鍼《はり》を打とうとすると、

「すぐにこの身体から去るから、鍼だけは勘弁してくれ」

と狂ったように暴れ出した。

その言葉を信じて、縛りを少し緩めた途端、旧に復してしまった。まんまと欺かれたわけだ。

「おのれ……」

とまた撫でさすると、肩に凝り固まった。

「もう逃がさん。今度こそ、鍼で刺し殺してやるぞ」

とにじり寄ると、狐の霊は、

「お前には敵わぬ。本当に女から離れるから、どうか殺さんでくれ。嘘でない証拠に、向こうの藪を覗いてみよ。俺の身体は、今そこにあるのだ」

と告げた。

半信半疑で藪へ行ったみたところ、確かに一匹の狐がいた。

女の縛りを解いたところ、狐はふいにひと声鳴いて、去って行った。

と同時に、女は正気にかえった。

つまり、狐は、身体を藪に置いたまま、己の気だけを飛ばして、女に憑いたのだ。無論、人間には出来ない芸当である。決して見くびってはいけない。

◎**見える狐・見えぬ狐**——「富家語」第一九一話

藤原忠実《ふじわらのただざね》が語ったところによれば、

「昔、私が瘧病《わらわやみ》（今でいうマラリア）に罹り、その病状がやや快方に向かった時のことだ。自分の肩の上に、美しい小狐がちょこんと乗っているのが見えた。また、背中には大きな狐が這いかかっていたよ。私の目つきが狐そっくりだというので、見た人は驚き呆《あき》れ、終《しま》いには笑いだしたものさ。ただ、身にまとわりついていた狐は、じきに見えなくなった。特に祈祷《きとう》してもらったりはしなかったのだが……」

◎**火を放つ狐**——「宇治拾遺物語」巻第三・第二十話

昔、甲斐の国守に仕えていた侍が、夕刻、役庁から馬で帰る途中、一匹の狐に出喰わした。

追いかけて蟇目《ひきめ》矢を射かけたところ、矢は腰のあたりに命中した。狐は射転ばされて苦悶の叫び声をあげつつ、叢《くさむら》へ躍り込んだ。

侍が落ちていた矢を拾いあげてしばらく進むと、さきほどの狐が腰を引きずりながら、道の先の方へ現れた。

そこで、

「懲りない奴め」

と侍が再び矢をつがえると、ふっと姿が見えなくなった。

その後、自邸まであと四、五町というところにさしかかり、何気なく行く手を見ると、例の狐が二町ばかり先に立っていた。口元には妖火がゆらめいていた。

胸騒ぎをおぼえた侍は、

「いったい何を企んでいるのだ」

とあせって馬を走らせたが、狐はそれよりも先に侍の屋敷へ至ったかと思うと、たちまち人間の姿へ変じて、建物に火をかけた。

侍は、

「おのれっ」

と矢をつがえて馬を駆ったが、時すでに遅く、火を点け終わった男は元の狐の姿に戻って、

広景
「江戸名所道戯尽」より
王子狐火

走り去った。

こうして、侍の屋敷は焼亡してしまったという。

◎王子の狐火――「柳亭記」巻之下

「江戸鹿子《かのこ》」という書物は、王子の狐火について、

「毎年十二月晦日夜には関八州の狐が王子稲荷の社殿前に集まり、狐火を灯す。土地の者は、その火の多寡や大小を見て、豊年かどうかを占う」と記す。

延宝年間（1673–81）、すでに「明松《たいまつ》や関東狐年の暮」と詠まれているところをみると、狐火による年占《としうら》の風習がその頃まで遡れることは確実だが、いつから始まったのかは分からない。

沢山の狐が集うことが昔は本当にあったのかもしれないが、今は人間が明松を灯して、狐火の真似事をしている。

◎野干《やかん》を「きつね」と呼ぶわけ――「水鏡」上巻・欽明天皇条

野干を「きつね」と呼ぶようになった経緯をここで申し上げよう。

昔、美濃国に住む一人の男が、

「美しい嫁御はおるまいか」

と方々へ出歩くうち、野原で美女に出喰わした。

魅せられた男が、

「女房になってくれ」

と熱心に言い寄ったところ、女が承知したので、男はそのまま家へ連れ帰り、二人はめでたく夫婦となった。やがて、男児にも恵まれた。

さて、数年後の十二月十五日、この家の飼い犬が仔犬を産んだ。

ところが、仔犬は成長するにつれ、女を目にするや激しく吠えかかるようになった。

女はひどく怯《おび》え、夫に、

「あんな犬、さっさと打ち殺して頂戴」

と頼んだけれども、男は聞き流していた。

そんなある日。

女が用事で唐臼《からうす》小屋へ入ると、例の犬が駆け寄って来て、猛然と噛みつこうとした。

すると、女はあまりの恐怖に我を忘れ、ついに野干の正体を顕すと、垣根の上へ駆けあがって、ぶるぶる身を震わせた。

男は女房の正体を知って、さすがに驚き呆れたが、気を取り直してこう呼びかけた。

「お前と俺とは、子どもまで成した深い仲だ。お前の本性が野干であっても、これっきり別れてさっぱり忘れてしまうことなぞ、出来ない相談だ。この後も遠慮なくうちへ来て、俺と共寝《ともね》をしてくれよ（つねに来て寝よ）」

こうして、女は正体がばれたにもかかわらず、男の言葉通り、その後も頻々にやって来ては、男と共寝した。

それ故、野干のことを「きつね（来つ寝）」というのである。

ちなみに、女は常々、鴇色《ときいろ》（桃花のような色）の裳《も》を身につけていた。また、息子は名を「きつ」といった。力が強く、飛ぶ鳥の如き俊足だった。

◎**しくじった狐**――「**徒然草**」**第二百三十段**

五条内裏にはあやかしが棲んでいる。

大納言藤原為世《ふじわらのためよ》はこう述懐した。

「むかし、殿上人たちが黒戸《くろど》の御所で碁に興じていると、御簾を上げて覗き見る者があった。

『いったい誰だ？』

「つれつれ艸繪抄」より
しくじった狐（左）

と見やると、一匹の狐がまるで人間の様に跪いて碁盤を覗き込んでいた。

一同が、

『ややっ、狐だぞ』

とうち騒ぐと、はっと驚き、大慌てで逃げて行ったそうだ」

きっと、未熟な狐が化け損じたのであろう。

◎狐の自慢――「北窓瑣談」巻之二

飛騨国の下岡本村《しもおかもとむら》には「小十郎」、花里石が谷には「孫十郎」、浄見寺野《じょうけんじの》には「おみつ」という名高い狐がいる。

ある時、孫十郎狐は、出会った人間に、

「俺は天竺《てんじく》にいる時、寺へ文殊像を寄進したこともあるんだぞ」

と誇らしげに話したという。

◎狐と契った女――「北窓瑣談」巻之三

但馬国竹田に住む女の元に、夜な夜な男が通って来た。

女は懐妊し、やがて月が満ちると、四つ子を産んだ。

その子たちの姿形は様々で、頭が人で手足が狐のもの、頭は狐で手足は人のものもいた。

狐と姦通した報いであろう。

◎狐と契った男――「今昔物語集」巻第十六・第十七話

備中国に住む金貸しの賀陽良藤《かやのよしふじ》は、色好みで有名だった。

ある年の秋のこと。

妻が上京して家を空けているというので近所をぶらつくうち、若く妖しい美女に出会った。

女好きの良藤は、妻の留守を幸いに、自邸へ連れ帰ろうとしたが、女は言うことを聞かない。

そこで仕方なく、

「せっかくのご縁ですから、せめてあなたの家まで送らせてください」

と申し出ると、女は、

「では、お言葉に甘えて。うちはここからすぐですわ」

と承知した。

良藤が女の手を取って歩いて行くと、豪壮な屋敷が見えてきた。

「はて、うちの近所にこんな屋敷があったかな」

と思ううち、屋敷では大勢の男女が女の姿をみとめるや、

「そらそら、姫様がお戻りになられたぞ」

と大騒ぎしている。

やがて良藤は屋敷の奥へ案内され、女と共寝した。

翌朝。

この屋敷の当主らしき人物が現れ、

「然るべきご縁があったればこそ、我が娘と出会われたのでしょう。今後はこの屋敷で、ごゆるりとお過ごし下さい」

と良藤に挨拶した。

当主の言葉通り、屋敷での生活は極めて快適であった。

その上、例の女へますます情が移り、良藤は元の家へ残してきた妻子のことなど、すっかり忘れて安逸に日々を過ごした。

ところで、良藤の屋敷では、主人が夕暮れに外へ出たきりなので、使用人たちががやがや騒ぎ出した。

「またいつものように、どこかの女のところへ転がり込んでいるのだろう」

とにやつく者もいたが、さすがに真夜中になっても戻らないので放っておくわけにもいかず、皆で手分けして近所を捜し回った。

しかし、一向に見つからない。

「無分別な若い時分なら、出家や身投げも考えられなくもない。けれど、旦那様の歳ではさすがにそれもなかろうし……。いったいどこへ行かれたのやら」

と首を傾げるばかりだった。

一方、良藤はというと、例の屋敷で女と仲睦まじく暮らし、なんと子まで成していた。幸せで満ち足りた毎日だった。

さて、良藤の屋敷では引き続き大勢が捜索にあたったが、手掛かりひとつ得られなかった。

良藤の兄弟たちは、

「あいつは最早この世におるまい」

と諦《あきら》め、嘆き悲しんだが、

「弔ってやるにしても、亡骸《なきがら》すらないのは、あまりにも不憫《ふびん》だ」

と思い至り、等身大の十一面観音の木像を仏師に刻ませ、

「良藤の亡骸が見つかりますよう、お力をお貸し下さい」

と朝夕、熱心に祈願した。

と、ちょうどその時分、良藤が逗留する屋敷には、突然、得体のしれぬ俗人が杖をついてやって来た。屋敷の当主も大勢の使用人たちも、その者を押しとどめるどころか、姿を目にするや否や恐れおののき、一人残らず逃げ去ってしまった。

すると俗人は、杖で良藤の背をぐっと突き、何やら狭いところから広い外へと押し出した。

同じ頃、良藤の家では、

「お姿が見えなくなってから、今日でちょうど十三日になる。どこでどうされてしまったのか。お気の毒なことだ」

と皆が嘆いていた。

その時だった。

庭の向こうの蔵の床下から、黒っぽい猿のような何者かが、もぞもぞと這い出て来た。

「何だ、あれは」

と皆がうち騒いでいると、そいつはいきなり、

「わしだ」

「絵本百物語」より
狐女房、葛の葉

と怒鳴った。

聞き覚えのある声である。

驚いた良藤の息子・忠貞が駆け寄って確かめていると、なんと良藤本人だった。身にまとっている着物は失踪した当時のままだったが、着ている本人はすっかりやせ細り、病人さながらだった。

良藤は言った。

「わしは、さる高貴な姫と契って、息子を設けた。実にかわいい奴で、大事に大事に育ててきた。忠貞よ、お前には悪いが、わしはあの子にこの家を継がせようと思う。お前は次男へ格下げだ。あの愛おしい姫の息子だと思うと、あだおろそかには出来ないのだ」

忠貞が、

「父上、何をおっしゃっておられるのですか。そもそも、そのお話の息子殿というのは、どこにおられるのですか」

と訊ねると、良藤は、

「どこもなにも、ちゃんとあそこにおるぞ」

と蔵の方を指さした。

一同は驚き呆れたが、良藤があまり言い張るので、人を使って蔵の床下を調べさせた。すると、たくさんの狐がいきなり飛び出して来たかと思うと、四方八方へ跳ねて逃げて行った。あとには、良藤が日々を過ごしていたらしい寝床が残っていた。

家人たちはこれを見て、

「この人は妖狐にたぶらかされてこれと契り、正気をなくしているのだ」

と悟った。

そこで、早速、高僧に祈祷を頼み、陰陽師を呼んでお祓いをしてもらった。沐浴も何度もさせてみた。

良藤が正気を取り戻すには、それから相当長い時間がかかった。

良藤が蔵の床下にいたのは十三日間だったが、彼には十三年にも思われたことだろう。また、蔵の桁下《けたした》はわずか四、五寸に過ぎないが、彼にとっては広々と感じられ、そこを出入りするたびに豪壮な屋敷だと思い込んでいた。妖狐の霊力の為せる業であった。

なお、良藤を救った俗人は、造像された十一面観音の化身だったに違いない。

ちなみに、正気を取り戻してからの良藤は大病を患うことなく、その後、十余年を生き、六十一歳で亡くなったという。

◎**狐を追いつめる**——「元禄世間咄風聞集」元禄七年（1694）条

内藤豊前守の家臣・某に狐が憑いた。

爪と肉の間から体内へ入り込んだのだった。

そこで、手首と腕の付け根を縛ってしばらくおくと、瘤のように膨れ上がったところが出来た。

そこをすかさず脇差で突くと、腫れがひき、某は正気を取り戻した。

あとで見れば、屋敷の裏で一匹の狐が死んでいたという。

◎**狐を売り飛ばす**——「元禄世間咄風聞集」元禄十一年（1698）条

京洛に住む叉市という馬子が、ある夜、馬を曳いて木幡《こばた》へさしかかると、目も覚めるような美女が現れて、

「町まで行きたいのですが、疲れてもう一歩も歩けません。どうかその馬に乗せて下さいませ」

と婀娜《あだ》な視線を送って来た。

叉市は、

「ははん、これが有名な木幡の悪狐か。人間を騙《だま》して悦に入るとはけしからん。今宵はひとつ懲らしめてやろう」

と思い立ち、だまされた振りをして、

「それはお気の毒に。さあさあ、どうぞ」

と馬へ乗せた。

言われるままに女が乗ると、叉市は、

「夜道ゆえ、馬が思わぬことでよろけないとも限りません。背から落ちてお怪我をなさっては大変です。少々、ご窮屈かもしれませぬが、念のため、こうさせて頂きます。どうか辛抱なされて下されし……」

と言うが早いか、女を馬の背に荷縄でしっかりくくりつけて、家へ戻った。

叉市は、

「おい、いま帰ったぞ。今日は変わった土産がある。途中で狐をとっ捕まえたんだ。すぐに松葉を集めてくれ。焚いてこいつを燻《いぶ》り殺してやるんだ」

と、戸口で家人へ声を掛けた。

やがて家人が集めて来た松葉に火を点け、煙でいやというほど女を燻し、

「お前は狐であろう。ほれほれ、早く正体を顕さぬと、このまま燻り殺されてしまうぞ」

と脅した。

すると女は我慢出来ず、とうとう元の狐の姿へ戻った。

叉市は言った。

「やはり悪狐であったか。

ところで、お前をここで燻り殺しても、わしには何の得にもならん。お前も死に損じゃ。

そこで、相談がある。命を助けてやる代わりに、もう一度、先ほどの麗しい女子《おなご》へ化けてくれ。そうしたら、わしはお前を連れて島原へ行き、遊女屋へ売り飛ばす。お前は数日間向こうで我慢してから廓を抜け出し、あとは好きなところへ行けばよい。どうだ?」

と持ちかけた。

狐は命惜しさに、仕方なく応諾した。

叉市は、美女に化けた狐を連れて島原へ行き、遊女屋から大金をせしめた。

叉市は急いで家へ帰ると、家人に、

「明日からしばらくの間、わしは身を隠す。わしの留守中、いつ誰が訪ねて来て何を訊こうとも、『叉市なら、四、五日前から伊勢参宮へ出掛けて、まだ帰っておりません』と答えるのだぞ。

よいな」

と何度も言い聞かせ、ふいとどこかへ行ってしまった。

一方、狐はどうしたかといえば、美女の姿のまま、最初の一、二日はなんとかおとなしく我慢した。

そして、三日目。

女は雪隠へ入った。

が、いつまで経っても出て来ない。

店の者が不審がって戸を開けると、たちまち狐の姿を顕し、走って逃げ去った。

店の者は、

「又市め。さては初めから、あの女の正体が狐と知った上で、うちへ売りつけたのだな」

と憤慨し、又市の家へ怒鳴り込みに行った。

ところが……。

家人は、

「うちの又市は、四、五日前に参宮へ出掛け、まだ戻っておりません。私たちも帰りが遅いので気を揉んでいるところです。なのに、女がどうとか狐がどうとか、いったい、何のお話でござりましょうか。さっぱり分りませぬ」

と困惑するばかりで、全く埒があかなかった
遊女屋の者たちは、

「ええい、いまいましい。さてはあの叉市の本性も狐ではあるまいか」

と歯ぎしりしたが、後の祭りであった。

さて、それから数日後、叉市がひょっこり帰って来た。

無論、例の店の者はまた言い騒いだけれども、狐が逃げたきりで確たる証《あか》しもないから、結局、泣き寝入りするほかなかったという。

◎**狐の鳴き声**——「**中外抄**」**上巻**
藤原忠実《ふじわらのただざね》曰く、

「わしも若い頃は狐狩りに興じたものだが、閻魔天像を造らせて供養するようになってからは、一切やめた。なにせ、狐は閻魔天のご眷属《けんぞく》だからね。ある者の屋敷で狐がしきりに鳴くことがあれば、美麗な膳を一人前、用意して、僧に頼んで屋根の上に供えてもらうがいい。膳を召し上がってもらえたら、鳴き声は止むのさ」

◎陰火のこと――「塩尻」巻之十四

或る書によれば……。

狐火も墓所の火も、陰火である。

陰火は光を発するが、物を焼くことはない。

それどころか、水に触れると勢いを増す。

それ故、雨の降る日や湿気の多い夜中によく目にする。

ちなみに、樟脳《しょうのう》の火も陰火である。水に浸けると光を増す。

ただし、同じ陰火でも、狐火が狐の意思で燃え出すのに対して、墓所の古塚はひとりでに燃え出すという違いはある。

また、千年を経た古木がひとりでに火を生じることも、それほど珍しいことではない。

◎野干と狐――「塩尻」巻之九十七

野干は体が小さい。尾は大きく、木登りが上手い。

狐は体が大きく、木には登らない。

◎美濃狐の末路──「今昔物語集」巻第二十三・第十七話

聖武天皇の御代、美濃国に怪力の大女がおり、俗に美濃狐《みのぎつね》と呼ばれていた。

里人によれば、その昔、かの地に狐を妻とした男がいて、その者の四代目の子孫にあたるとのこと。女は文字通りの百人力で、小川の市の近辺に巣喰い、市へ行き来する商人たちを襲っては、金品を強奪して日々の稼ぎにしていた。

一方、怪力といえば、尾張国の某郷にも、至極、力の強い女がいた。昔、この国にいた元興寺の僧・道場《どうじょう》法師の子孫にあたるという。ただし、この女はからだが小さかった。

さて、かの美濃狐の悪行の噂は、流れ流れて尾張の女の耳にも入った。女は事態を確かめるべく、美濃国の小川の市へ船で向かった。船には、蛤《はまぐり》五十石と鞭《むち》五十本を積み込んだ。鞭は葛《くず》の皮を剥いで拵えた、頑丈なものだった。

やがて、女の船が小川の市へ着くと、美濃狐が目ざとく見つけて船へ乗り込んで来た。蛤を我が物のようにぐっと押さえて、女に、

「お前はどこから来たんだい」

と訊ねた。

しかし、女は答えない。

美濃狐は重ねて訊ねたが、女はやはり無言だった。

美濃狐がしつこく四度目の問いかけをすると、女がようやく口を開いて、こう言った。

「あたしがどこから来ようと、お前さんの知ったことじゃないね」

激昂した美濃狐が、

「生意気な女だ。思い知らせてやる」

とばかりに女に殴りかかると、女は待ってましたとばかりにその腕をつかみ、かねて用意の鞭を一本取って、散々に打ち据えた。皮膚が裂け、鞭には肉片がこびりついた。

しかし、女はやめない。一本目を打ち捨て、二本目の鞭を握りしめると、また幾度も打った。

そして肉がこびりつくと、また新しい鞭で……。

これを繰り返して、たちまち十本の鞭が肉片まみれになった。

ここまでされて、さしもの美濃狐も音を上げた。

美濃狐が、

「あなたにこうして罰せられるのも道理です。私が悪うございました。恐れ入りました」

と降参すると、女は、

「市に出入りする人々を害するのは金輪際、やめなよ。わかったね。さもないと、私が舞い戻って来て、今度は鞭で打ち殺してやるから」

ときつく言い渡して、故国へ帰って行った。

それ以来、美濃狐が市で悪事を働くことはなくなった。人々は安心して、市での売り買いに精を出したという。

◎狐の霊珠——「今昔物語集」巻第二十七・第四十話

昔、ある家の者が、物の怪らしきものに憑かれて病気になった。

そこで巫女を呼び、依《よ》りましになってもらうと、巫女へ乗り移ったものが言うには、

「私は狐の霊です。この家にはいつも食べ物が散らばっているのでそれを喰らおうと訪れたところ、ふとしたことでこの人の体の中に閉じ込められてしまったのです。祟りをなすつもりなど、さらさらありません」

そう口にしつつ、憑かれた巫女は懐中から小さな蜜柑の実ほどの白珠を取り出すと、お手玉のように弄び始めた。

これを見ていた一同が、

「綺麗な珠だなあ。いや待てよ。ひょっとしたらあの珠に何か仕掛けでもあって、巫女が怪し

げな託宣や祈祷をするのに使うのかもしれない」

といぶかしがっていると、一座にいた威勢の良い若侍が、巫女がひょいと投げ上げた珠を、横から手を伸ばして、素早く奪い取ってしまった。

すると、巫女に憑いた狐の霊はひどくあせり、

「その珠を返して下さい」

と懇願した。

しかし、侍は聞く耳を持たない。

狐の霊は、

「お返しなくば、私は今後、あなたを敵《かたき》として、ずっとつけ狙うことになります。しかし、もしも返して下さるのなら、あなたの守護役を務めましょう」

と持ちかけた。

当初はこの約束を疑った侍だったが、狐の霊が護法の鬼神の名に懸けて誓ったのでようやく得心して、珠を巫女へ返してやった。

その後、狐の霊が巫女から離れたと見るや、数人がすぐさま巫女を取り押さえ、懐中を探ってみた。

が、例の白珠は消えていた。そこで初めて一同は、あの珠は本当に狐の霊珠だったのだと納得した。

さて、後日。

例の侍は太秦《うずまさ》に参詣したが、帰路、応天門にさしかかる頃には真夜中になってしまった。

さすがに薄気味悪かったので、ふと狐の霊との約束を思い出し、半信半疑ではあったが、暗闇の中でふと立ち止まって、

「おい、狐、狐よ。いるのか」

と問うてみた。

すると、どこからか
「こんこん」

と鳴き声がしたかと思うと、一匹の狐が目の前にちょこんと座っていた。

侍が、

「おお、あの時の約束を守って、来てくれたのだな。感心、感心。ところで、見ての通り、俺は家へ帰りたいのだが、ここらはどうも不気味でかなわない。家まで送ってはくれぬか」

と言うと、狐は頷《うなず》き、先へ立って歩いてくれた。侍はあとをついて行く。

狐は時々立ち止まって振り向き、侍が遅れずに来ているか確かめながら進んだ。ただ、普段はあまり通らないような道筋であるのが、侍は少し気になった。

ともあれ、しばらく行くと、狐は急に歩みを止めた。

そして、振り返って侍の顔をじっと見てから、背を丸め、今度は抜き足で静かに歩き始めた。まるでそうするように促されているような気がしたので、侍も抜き足で歩いた。

すると……。

少し先に、人の気配がした。目を凝らして見ると、弓矢や刀を携えた数人が何事か相談しているようだ。

侍は垣根越しに聞き耳を立ててみて、驚いた。なんとこいつらは、今からどの家へ押し込むべきかを思案中なのであった。

侍は、はっと心づいた。

「立っている場所から察するに、この盗賊どもは本道を通ってここまで来たらしい。狐は、彼らと鉢合わせさせないためにわざと本道を避け、垣根沿いの道を案内してくれたのだ」

侍が盗賊のそばを忍び足ですり抜けると、狐の姿はふっと見えなくなった。侍は無事に帰宅できた。

この後も、狐は幾度か現れては、侍を危難から救い出してくれた。

勿論、侍は、約束を守る狐の律義さに感心し感謝もした。そして、

「もしもあの時、つまらぬ意地を張っていたら、いったいどんな目に遭わされていたことか。

言われた通り珠を返しておいて、本当によかった」

と胸をなでおろすことしきりだった。

◎**狐の狡知**――「**北越雪譜**」**初編巻之中**

ある日、私は知人から菓子折を貰った。

その夜は文机でずっと読みものをしていたので、

「あれは明日にでも食べよう」

と思って、手をつけなかった。

しかし、寝床へ入る前、

「そのままにしておいて、夜中、悪い狐に取られはしまいか」

と心配になり、菓子折を細縄で固く縛って、天井へ高く吊った。

それを見上げて、

「我ながら上出来だ。こうしておけば、ずる賢い狐でも手を出せまい」

と悦に入りながら就寝した。

さて、翌朝。

見れば、縄は昨夜のままだが、先に結わえていた菓子折がない。

「さては狐が……」

と地団太を踏んだが、ふと気づくと、文机の上に菓子折が乗っている。否、乗っているというより、誰かがきちんと置いたように鎮座していた。

「いったいどういうことだ」

と訝しく思い、手に取って確かめてみると、折の包み紙も元の通りなのに、中身だけがすべて喰らい尽くされていた。

腹立たしくも不気味な出来事であった。

◎狐を捕らえる——「北越雪譜」初編巻之中

狐を捕らえるのに、雪国ならではの方法があるので、お教えしよう。

春先の昼間は、夜中に固く降り積もった雪もさすがに少しは溶け緩むので、毎夜、狐が徘徊している辺りの雪に、細深い縦穴を二つ三つ開けておく。麦などを搗《つ》く杵《きね》をぐっと押し込めば済む話だ。

これが夜になると穴ごと凍って、まるで岩穴の様になる。

次にその廻りに狐が好みそうな油滓《あぶらかす》などを散らし置き、忘れずに穴の底へもばら撒いておく。

さて、真夜中になると、匂いに惹かれて狐が現れる。

穴の周囲の油滓から食べ始めるのだろうが、少量ゆえ直ぐに喰い尽す。勿論それで足りるはずもないから、今度は穴の底の油滓を狙う。どうするか。身をかがめ、逆様になって穴へ入るのである。

そうして底の分も平らげ、出ようとするが、元々、穴は最初から、逆さになった狐の尾が少しばかり地上へのぞく程の深さに設えてあるから、一度、入ると出ることが出来ないのだった。

しかも、夜が更けるほど寒さは増し、雪は益々固く凍りつくから、中でもがいても、穴の壁を掻き破ることは出来ない。長い間暴れ続けて、しまいには疲れ切って、おとなしくなる。

それを見計らって近づき、今度は穴へ水を注ぐ。穴は凍りついているから水は漏れ出さない。

狐は尾を振るわせて苦しみもだえる。

なお、この時、気をつけなければならないことがある。水を注いだら、穴から少し離れて見守らねばならない。というのも、断末魔の狐は、必ずやひどく臭い屁をひるので、それを避けるためである。しばらくすると、尾が動かなくなる。狐は狭い穴の中で溺死したわけだ。あとは地上へ出ている尾を握って、上へ引き上げればいいのだ。

◎歌う狐——「半日閑話」巻十二

王子で狐が歌い踊ったという。

「天に星なし、地に人なし、四月廿日の夜を見やれ」

ちなみに、愛宕では狐ではなく天狗が現れ、よく似た歌を歌い踊ったが、歌詞の最後は「四月八日の夜を見やれ」だったという。

◎藤原忠実の執念——「古今著聞集」巻六

藤原忠実は栄進を強く望み、某僧に命じて荼吉尼《だきに》の法（荼吉尼天の尊容は白狐に乗る天女）を行わせた。

僧は、

「この祈祷の効験は必ずや現れます。早くて七日以内。それが駄目ならもう七日を頂戴します。それでも兆《きざ》しがなければ、愚僧を流罪にして頂いて結構です」

と豪語した。

これを聞いた忠実は好ましく思い、供物の類は要求通り届けてやった。

さて、早速に修法が行われたが、最初の七日間は何の変化も感じられなかった。忠実が咎めると、僧は、

「どなたか人を遣わして、我が道場をご覧頂きたいものです。良きしるしをお目にかけましょう」

と言う。

そこで臣下を送って確かめさせてところ、道場へ一匹の狐がやって来て、供物を食べていた。人間の姿を見ても全く怖がらず、平然としていた。

それから七日が過ぎて、いよいよ満願という日のこと。

忠実が昼寝をしていると、美女が枕元をしずしずと通った。長く美しい黒髪が、衣の裾先から三尺ほど余り出ていた。

「古今著聞集」より
藤原忠実の執念

あまりに瑞々《みずみず》しく端麗だったので、忠実が手を伸ばして髪を掴んだところ、美女は振り返り、

「お見苦しいことをなさいますな」

とたしなめた。

ところが、その顔や声がこれまたこの世のものとは思えぬ美しさであったので、忠実の手には更に力が入った。

そこで美女が手荒く引き離して通り過ぎようとしたところ、握りしめていた髪がふっつりと切れてしまった。

「わしとしたことが、はしたない真似をしたものだ」

と恥じた刹那、はっと目が覚めた。

手に残ったものを見れば、女の黒髪ではなく、狐の尾であった。

早速、例の僧を召して問うたところ、

「修法の霊験がかくもまざまざと現れたのは、前代未聞のことでございます。ご宿願は明日の午《うま》の刻には必ずや叶いまするぞ」

と昂奮した面持ちで言った。

とりあえずの褒美として、豪華な装束ひと揃えを授けて帰した。

さて、翌日の午の刻。

僧の言葉通り、忠実の元へは、昇進の知らせが届いた。

忠実は例の尾を清浄な器物に収めて秘蔵した。

そればかりか、自身も荼吉尼の法を習い修めて、しばしば行い、その度に効験を得た。

その後、尾は妙音院の護法殿に祀られたというが、今はどうなっていることか。

◎老狐の愁訴――「古今著聞集」巻第十七

大納言・藤原泰通《ふじわらのやすみち》の屋敷は、先祖伝来の古いものだった。

その古さの故か、屋敷にはたくさんの狐が棲みつき、中には化けて出るものもいたが、たいして不都合もないので、長年そのままにされていた。

ところが……。

泰通の代になってから、狐たちの悪戯が嵩じてきた。

怒り心頭に発した泰通は、明朝から狐狩りに取り掛かるよう、臣下の侍たちに命じた。

弓矢や棒を手に大勢で屋敷の四周を取り囲み、築地塀《ついじべい》や屋根の上にも見張りを立て、また天井裏にも人を入れて、ともかく一匹残らず狩り出し、皆殺しにする手筈であった。

さて、その狐狩りの日の明け方のこと。

大納言の夢枕に、木賊《とくさ》色の狩衣姿の老人が現われた。坪庭に生えた柑子《こうじ》の木のあたりで平伏していた。何者か問うたところ、老人が言うには、

「私はこのお屋敷に長年住まわせて頂いている者でございます。大勢の子や孫に恵まれましたものの、この者たちの狼藉が最近、益々ひどくなって参りました。私が制止しましても、聞く耳を持ちません。あなた様のお腹立ちは誠にごもっともでございます。

ただ、本日ご予定の狩りでは、屋敷の狐を根絶やしになさるおつもりとか。どうか、そればかりはご容赦頂けませんでしょうか。若い者共へは、あなた様が大層お怒りの由を申し伝え、以後は狼藉を慎むように、私からよく言い聞かせます故、何卒、狩りはお止め下さいませ。

これを機に今までの悪事を悔い改め、今後はご当家を陰ながらお護り申し上げます。そして、吉事が訪れようという折には、前もってお知らせ致しますので……」

ここまで聞いて、泰通ははっと目が覚めた。

夜が明けたようなので、泰通が遣戸を開けて庭を見やると、夢中の老人が平伏していたその場所に、毛の抜けた老狐が一匹うずくまっていた。狐は上目遣いに泰通を見て、畏《うやま》れ敬う体《てい》でそっと簀子《すのこ》の下へ這い入《い》って、姿を消した。

不可思議に思った泰通がその日の狐狩りを取り止めたところ、それ以後、狐たちによる狼藉は絶えた。

また、家中に吉事が起こる時には、必ずや狐の鳴き声が聞こえて、事前にそれと知れたという。

◎狐と扇——「古今著聞集」巻第二十

ある男が日が暮れた後、朱雀大路を歩いていて、絶世の美女に巡り合った。男の方から声を話しかけても、嫌がる様子がない。そばへ寄ると、さらに美しさが際立って見える。すっかり魅せられた男は、共寝《ともね》をせがんだ。

ところが女は、

「そんなことをしたら、あなたの命がなくなってしまうわ」

とつぶやいて、拒んだ。

ただ、そう言われても、男はあきらめきれない。お構いなしに思いの丈《たけ》をぶつけて、女に迫った。

すると、情にほだされたのか、女は言った。

「そこまで私に想いをかけてくださるのなら、仕方がございません。あなたではなく私が命を差し出すことに致しましょう。ですから、どうぞお心のままになさって下さいませ。ただし、その代わりと申しては何ですが、私に万一のことがございましたら、この度の志を哀れと思《おぼ》し召し、法華経を写して供養して頂きたく存じます」

ところが男の方は、

「大袈裟なことを言う女だ」

くらいにしか受け取らず、とにかく大喜びで共寝した。

二人は夜通し睦みあい、夜明けになった。

女は去り際に、男に扇を請いながら言った。

「昨夜私が申したことは嘘偽りではないのです。あなた様の身代りになって己が死ぬ道を、私は選んでしまいました。まだお疑いなら、後ほど、武徳殿まで行ってご覧なさい。すべてが明らかになりますから」

さすがにここまで言われると気になる。

日が昇ってから、男は武徳殿へ行ってみた。

そこで男が目にしたのは、一匹の狐の死骸だった。顔を覆った扇は、紛れもなく男があの女

「古今著聞集」より
狐と大仏

に授けたものだった。

男は悲しみに暮れ、女の言葉通り、法華経を写して懇《ねんご》ろに供養してやった。

◎狐と大仏――「古今著聞集」巻第二十

承平年間（931–38）のこと。

ある日、数百匹の狐が東大寺の大仏の前に集り、礼拝した。

驚いた寺の者が追い散らしたところ、その後、狐の霊がある者に憑いて告げたことには、

「我々は久しくこの寺に棲んでおる。尊像が焼け落ちる前にいま一度、手を合わせておかねばと思い、参上したまでのことだ」

◎九尾狐――「世事百談」巻之四

玉藻前《たまものまえ》の謡曲で那須野の殺生石《せっしょうせき》の故事を聞かされ過ぎたせいか、世人は九尾狐というと、悪狐と決めてかかっている。古くは「下学集《かがくしゅう》」「琉球神道記」などもそうした立場である。下野の玉藻稲荷は、この悪狐の霊を祀るという。

しかしながら、九尾狐は元々は瑞獣なのである。

そのことは、すでに中国の「太平御覧《たいへいぎょらん》」が、「山海経《せんがいきょう》」「竹書紀年《ちくしょきねん》」「白虎通《びゃっこつう》」等の諸書を引用しながら説いている。

ただ、「侯鯖録《こうせいろく》」には、「官妓《かんぎ》はしばしば九尾狐と称された」とある。声色《せいしょく》で男を惑わす様を、狐が人を誑《たぶら》かすことになぞらえたのであろう。

◎**射られた神使**——「続古事談」巻第二第十三話

唐土の「説苑《ぜいえん》」に、こんな話が記されている。

昔、白龍が一尾の魚へ変じて波間で泳ぎ遊んでいたところ、漁師の網にかかって難渋《なんじゅう》した。辛くも窮地を脱した白龍は、早速、天帝へ訴え出て、かの漁師を処罰してもらいたいと訴えたが、天帝は、

「気まぐれに魚へ化した汝の軽率さこそ、全ての原因だ」

と言って、取り合わなかったという。

ところで、本朝の某社では狐をご神体として祀っていたが、ある日、この神社のそばで狐を射た者がいた。

そこで諸卿が集まり、その者の処罰の是非につき論じていたところ、その場にいた大納言・

源経信《みなもとのつねのぶ》は、「説苑」に載る、先の天帝の台詞をつぶやくや、奥へ引っ込んでしまった。

たとえ尊い神であっても、並の狐の姿で林間へ走り出たのは、軽率過ぎた。それを射た猟師に何の落ち度があろうか。

そう言いたかったのだろう。

◎**憑いた狐をおとす妙薬――「三余叢談」巻之三**

狐に憑かれた者には、馬銭《まちん》（マチン科の常緑高木）・鉄粉・黒大豆を煎じた汁を飲ませるべし。

狐はこの薬をひどく恐れるから、口へ近づけて飲ませようとしただけで、狐の霊が落ちて正気に戻ることもある。

◎**問答する狐――「嗚呼矣草」巻之二**

ある家の子に狐が憑いた。

奇怪なことに、この狐は、万巻の書を暗記しているらしく、尋ねられて答えられぬことがない。幾人もの神官や仏僧が挑んだが、残らず言い負かされ、しまいには調伏を引き受けてくれる者がいなくなった。

困り果てた村の者が、日ごろ敬愛する太宰先生に頼み込んだところ、快諾して、その子の家まで足を運んでくれた。

先生は、子に憑いた狐の霊にこう訊ねた。

「お前は万巻の書に通じていて、答えられぬことはないというが本当か」

狐は、

「その通りだ。嘘だと思うなら、何でも尋ねてみよ」

と自信たっぷりに答えた。

すると先生は、

「ならば尋ねるが、お前は『論語』の中に『子曰《しのたまわく》』という語が何遍出て来るか、知っているか」

と尋ねた。

狐は、全く予期せぬことを尋ねられて、ぐっと答えに詰まった。

それを見た先生は、

「それしきの事が分からずして、万巻の書を諳《そら》んじたと誇って何になる。まして、人間に憑いて害を為すとは実にけしからん」

と叱りつけた。

屈服した狐は、たちまち子から離れた。

先生は、不思議がる一同に種明かしをした。

「あいつは、耳で聞いたことを妖力でもって全て憶えていただけだ。だから、正解の分からぬ意外な問いかけには、歯が立たなかったわけさ」

◎青山狐のこと――「北越奇談」巻五

ある村の男が新潟へ公用で出かけ、帰路、砂山を過ぎて青山にさしかかった。夏の昼下がりで、ひどい暑さだった故、木蔭で暫時休息し、ついでに叢に向かって小用をたした。

ところが……。

ちょうどそれが、昼寝をしていた性悪狐にかかってしまった。狐は叢から飛び出し、男をきっと睨みつけた。

男は驚くとともに、おおいにあせった。

というのも、ここらに棲むのは青山狐といって、人を化かす性悪狐として悪名高かったからだ。男は、

「これがこれは狐殿、誠に済まぬことをした。どうか赦しておくれ。わざとやったことではな

いんじゃ。仕返しは勘弁してくれ。頼む、この通りじゃ」

と手を擦って侘びながら、去り行く狐の後を付いて行った。

狐はしばらく進むと、一度、振り返って男の顔をじっと眺めた。それからふいに傍らの石地蔵の後ろへしゃがみこむとこれを背負い、生えていた草葉を掴んで立ち上がった。と、見る間に若い娘へ化けた。娘は赤子を背負い、手には風呂敷包みを提げている。

男は言った。

「狐殿、化けるお手並みはとくと拝見しました。実にお見事ですなあ。しかし、それはそれ、これはこれじゃ。まちがっても、わしを化かしたりせんでくれ」

しかし娘は、

「まあ、この人は何を申しておられるのか。私は隣村から新潟へ縁づいた者で、今から久しぶりに親元へ帰るところですのよ。変なお人ねえ」

と笑ってとりあわず、おぶった赤子を揺らしてあやしながら、ずんずん進んで行った。男はますます不気味に思い、なんとかご機嫌を直してもらおうと、幾度も詫びたり拝んだりしながら、足早に付いて行った。

そうこうするうち、いつしか日も暮れ、とある村の外れまで辿り着いた。

娘は少し離れた家を指差し、

「ほうれ、あれが私の家でございますよ。里帰りだと申しましたでしょ。さあさあ、もう日暮れです。あなたもいい加減、家へ戻られては如何《いかが》」

と言い残すと、家へ入って行った。家の中からは、

「おやおや、やっと帰って来たのぉ」

「どれどれ、可愛い孫の顔を見せてくれ」

などと笑いさざめく声が聞こえてきた。どうやら、家人たちはまるで疑っていないようだった。

男は、

「何とか本当のことを知らせてやらねば、あの人たちの身も危ない。さて、どうしたものか」

と家の周りをうろついて、あれこれ思案していた。

そのうち、家の主人が怪しんで出て来たので、これ幸いと、

「今、おたくへ入って行ったのは娘さんではありません。青山狐が化けているのです。ご油断あるな」

と警告した。

「北越奇談」より

青山狐

これを聞くと主人は、

「何を馬鹿な。あれは確かに、うちの娘と孫だ」

と怒り出したが、男がさきほどからの経緯を懇々と言って聞かせた甲斐あって、ようやく納得した。

そこで、家の中の兄や弟を密かに呼び出して事情を話して聞かせ、皆で狐退治の手筈を打ち合わせた。

しばらくすると、彼らはどやどやと家へ入り、大急ぎで火を焚いた。そして、娘をひっ捕らえて火のそばへ引きずって行き、

「こうでもしなければ、尻尾を出すまい」

と言って、娘の尻を猛火であぶった。娘は泣き叫んだが、彼らは聞き入れない。仰天して止めに入ろうとする祖母や母を押しのけて、なおも火にかけるうち、娘はとうとう悶死してしまった。

呆然とした彼らは、

「これは取り返しのつかぬことをしてしまった。あの男にまんまとだまされたのだ」

と憤激し、門の外で様子を伺っていた男を縛り上げて、役人へ訴え出た。

その後、男は厳しい詮議の結果、娘に直接手を下したも同然とみなされ、死罪と決まった。ほどなく河原へ引き出されて、首を打たれた。

無残な最期であった。

さて……。

斬首された男は、夢ともうつつともつかぬ心持ちでいるうち、気づけば、広く仄暗い砂原に立っていた。

「ここが世に聞く冥途なのだろう。黄泉《よみ》の旅路についたわけだ。なんとか極楽への道を探さねば……」

と思いつつ、とぼとぼ歩いて行くと、向こうの方が薄明るくなり、寺の鐘の音がかすかに響いて来た。

「おおっ、ひょっとすると、あれが極楽か。思ったよりも早く辿り着けるかもしれん」

と男は勇み、鐘の音を頼りに足早に進んだ。

すると、細い川に行き当たった。架かる橋の向こうには、大きな寺院がそびえ、堂内からは読経の声が流れてきた。門前は、成仏を願う老若男女でごった返していた。

ふと見ると、かたわらには池があり、紅白の無数の蓮の花が咲き誇っていた。

「そういえば、極楽では、皆が蓮に乗るという。わしが乗る蓮はどれだろう」

と思った男は、いきなり池へざんぶと飛び込み、目についた蓮の花に足をかけてみた。

が、蓮の茎がぽきりと折れて、うまく乗れない。

「これではないのか。ならば……」

と気を取り直し、別の蓮に足をかけたがこれにも乗れず、体勢を崩して、池の水の中へどうっと倒れ込んでしまった。

参詣客たちは、

「何をしているのか」

「気でも違ったか」

とはらはらしながら男の様子を見ていたが、男が池の中へ沈むに及んでさすがに放ってはおけず、寺の者に知らせた。すると堂内から数人がすっ飛んで来て、男を助け上げた。

「何者だ」

と問われたので、男は、

「娑婆におりました時の名を申し上げればよいのでしょうか。実は私は……」

と事情を話すと、皆は大笑いして、

「お前さん、狐に化かされておるぞ」

と言った。

はっと正気にかえって周囲を見渡すと、そこは新潟の寺町にある池の畔《ほとり》であった。

◎**狐除けの一句**——「閑田次筆」巻之四

狐に瓜畠を荒らされて困り果てた人が、吉川惟足《よしかわこれたり》に祈祷を依頼した。

事情を聴いた惟足は、

「どうやら、わざわざ祈祷するほどのことでもなさそうですな。少々、お待ちを……」

と言って座を立ち、奥で何やら書いて戻って来て、

「これをお使いなされ」

とその者へ手渡した。

そこで、その書付を木札に貼って畠に立て置いたところ、その夜から、狐の害がぴたりと止んだという。

ちなみに、紙にはこう書いてあった。

「おのが名のつくりを喰らう狐かな」

◎**狐除けの工夫**――「燕石雑志」巻之五（上）

魚や水鳥を獲って夜道を持ち帰る時、魚籠《びく》の中へ付木《つけぎ》を入れておくと、狐が寄りつかない。狐は硫黄を嫌うからである。

◎**狐の化け方**――「燕石雑志」巻之一

ある男が友人三人と近くの山へ行くと、林間で一匹の狐がごそごそしている。

「何をしているのか」

と思って、隠れて見ていると、狐は柿の落ち葉を一枚一枚拾い上げては、一本の葦茎に挿し通しているのだった。

しばらくすると狐は、その茎の両端を握って半円形にまるめ、うなじに担ぐようにした。

とその途端、狐の姿がかき消えた。

「薄気味悪いものを見てしまった」

と思ううちに日も傾いてきたので、一同は帰路についたが、二、三町も行ったところで、奇妙なことに気づいた。

少し先の丸木橋の傍に、妖しげな美女が佇《たたず》んでいるのだ。女は一枝を肩担ぎしていた。枝には色濃く染まった楓《かえで》の葉がたくさん付いていた。

一同は目で合図して、

「先刻の狐が化けて出たに違いない」

と頷きあってから、歩みを進めた。

そして女に近づくと、

「お前の正体は分かっておるぞ、化け狐めが。思い知れ」

と叫びながら、先刻こっそり拾いあげ隠し持っておいた小石や土くれを一斉に投げつけた。

度肝を抜かれた女は、そばの田を五反ほど、飛ぶように走って逃げたが、やがて右手の小松山へ駆け登った時には、すでにその姿は美女ではなく狐であった。狐は恨めしそうにこちらをじっと見ていたが、ほどなく叢へ入って行った。

昔から、狐が化ける時には髑髏を戴いて藻を被るというが、この話の狐の様子からすれば、どうもそうとは限らないようだ。

◎狐火の秘密──「西播怪談実記」巻三之五

昔、平右衛門という百姓が、夜中に厠へ行った。

かわやの名の通り、すぐ傍は谷川であったが、その頃は残暑が厳しく干天続きだったので、水は枯れかかっていた。

窓から覗くと、十間ほど先に松明のような火が灯っている。あれが噂に聞く狐火なのだろう。なおも見ていると、火はゆらゆらと揺れながら、川に沿って近づいて来た。やはり狐だった。どうやら赤蟹を獲っているようなのだが、口に三味線の撥のようなものを咥えており、それを振ると、ぽっと火が点くのであった。

しばらく様子を見ていた平右衛門は、考えた。

「あれほどたやすく火が点るとは、なんとも便利な代物《しろもの》だ。俺様が頂戴しない手はない」

そこで、狐が厠の下あたりへ来たのを見計らって、中から、

「わっ」

と大声を上げて飛び出したところ、狐は仰天して逃げ去った。

その折、足元に何かからりと落として行ったので、それこそ目指す物だろうと見当をつけ、暗い中、懸命に捜し回った。

そうしてやっと見つけたのは、撥状の牛骨だった。

幅の広い方を上にして、おっかなびっくり振ってみると、ぽっと火が点る。逆に細い方を上

にして振ると、火はたちまち消えた。

「これさえあれば、今後は松明も提灯も要らんぞ。しめしめ」

と平右衛門はほくそ笑み、持ち帰って函《はこ》に入れ、大事にしまいこんだ。

さて、翌晩のこと。

平右衛門の寝間の戸を何者かが叩き、

「あれを返せ、あれを返せ」

と声がした。少なくとも二、三人はいる様子だった。

平右衛門は気丈にも、

「返すものか。とっとと立ち去れ」

とはねつけると、そのまま寝入ってしまった。

すると翌晩には、二、三十人ほどがどやどやと押し掛け、

「返せ、返せ」

と口々に叫ぶ。

しかし、平右衛門は聞こえぬふりをして寝床から出なかった。

ところが……。

三日目の晩になると、百四、五十人と思われる一団が来て平右衛門の家の周囲を取り巻き、

「返せ、返せ。返さねば、仕返しするぞ。それでも構わぬか」

と叫んだ。

さすがにこうなると家族も怖がり、平右衛門も知らん顔が出来なくなった。仕方なく例の物を函から取り出すと、戸を開けて、

「ほうれ、返してやるぞ。受け取れ」

と言って、庭へ放り投げた。

それから家の中へ入って戸をぴしゃりと閉め、外の様子を窺った。

辺りは、先ほどの喧騒が嘘のように静かになった。

◎狐と言い争う——「西播怪談実記」巻四之七

ある村に次郎右衛門という爺がいた。妻子に先立たれ、独り暮らしだった。

ある夏のこと。

あまりの暑さに参った爺が、夕刻、横になって休んでいると、窓の外から、

「次郎右衛門の運尽くぞ」

と縁起でもない声がした。

爺はてっきり、村の若い者がたちの悪い悪戯をしているものだと思い、

「何を言うか。お前こそ、運尽くぞ」

と答えた。

ところが、窓の外からはまた、

「次郎右衛門の運尽くぞ」

と言いかけて来た。

こうなると、両者とも妙に意地になって、互いに、

「運尽くぞ」

と言い合った。

言い合いを続けながら、爺はふと思った。

「普通の人間が、こんなことをいつまでも続けるとは思えない。とすれば、わしが相手にしているのは、おそらく狐であろう。そう言えば、狐に言い負かされると命を落とすと、どこかで聞いたことがある。こりゃぁ、絶対に負けられん」

爺はがばっと起き上がり、本腰を入れて「運尽くぞ」と言い返し始めた。

当初は相手も執拗に言い掛けてきたが、やがて爺の迫力に気圧されたのか、声がしなくなった。

「おや、わしは勝ったのか。狐はどこかへ去ったのか」

と思ううち、安堵感と言い争いの疲れから、そのまま寝入ってしまった。

やがて、誰かが表の戸をどんどん叩く音がして、爺ははっと目が覚めた。知らぬ間に次の日の朝になっていた。訪ねて来た知り合いが、

「珍しいものが見られるぞ。早く出て来い」

と叫ぶので、爺は慌てて外へ出てみた。

知り合いは言った。

「ほうれ、見い。窓の下で、狐が死んどるわい」

そこで爺が、昨日の出来事を話して聞かせると、その者は、

「さもあらん、さもあらん」

と手を打って感心した。

◎狐の相撲――「西播怪談実記」巻六之四

ある村の医者が、知り合いの京の商人を近くの川辺へ案内した。蛍見物のためであった。

無数の蛍が飛び交う様は圧巻で、これだけ見事な蛍火は都でも見られまい。二人は上機嫌であった。

すると、向こう岸に、いきなりぽっと火が点った。

「おっと、狐火ですな。蛍の後は、狐火の見物と洒落込みましょう」

などと医者が囁《ささや》き、二人でじっと見ていると、二つ、三つと火が続けて現れた。火は糸で引かれたようにつつっと近づくと、東西南北の四隅に四角く点った。

やがてその四つの火のそばに、それぞれ多くの火が寄って来た。

驚いたことに、そこは相撲場で、沢山の狐が入れかわり立ちかわり現れて、相撲をとった。

上手投げに、肩透かしに……と、人間の力士も顔負けの技が次々と繰り出され、まるで四十八手をやり尽くすかのような素晴らしさであった。

そのあまりの見事さに、それまで見惚れていた商人が、

「都の勧進相撲なら観たことがあるが、狐の相撲の見物はこれが最初で最後でしょうなあ」

とつい声を出したところ、それを察知したのか、向こう岸の火が一斉にぱっと消えた。残されたのは、こちらの岸の蛍火だけとなった。

◎猟師の言い分――「西播怪談実記」巻八之一

猟師の五郎兵衛は、毎年、秋になると、氏宮八幡宮の傍の村へ出かけ、宿にしばらく逗留するのが長年の習慣だった。懇意にしている宿の主人から頼まれ、田畑を荒らす猪や猿を鉄砲で撃つためである。

ある年、いつものように村へ向かっていると、向こうの山畑を行く狐の姿が目に入った。獣に遭うと見逃せないのが猟師の性分だったので、追いかけて行って、一発撃った。

狐がころころ転がったので、てっきり仕留めたものと思いこみ、

「今年の猟は幸先がいいぞ」

と悦に入っているうち、狐はむっくり起き上がって、後足一本を引きずりながら、残り三本の足で大儀そうに歩んで逃げて行った。

暗くなってきたから深追いもせず、五郎兵衛はそのまま村へ行き、例の宿に滞在した。腕の良い五郎兵衛は、村にいる間、たくさんの猪や猿を仕留めて、村人から感謝された。そして、やがて自分の在所へ帰って行った。

さて、それから十日ほど過ぎたころ、例の宿の主人が難儀に見舞われているとの噂を耳にした。なんでも主人には狐が取り憑き、

「我は氏宮八幡宮の神使なるぞ。にもかかわらず、あの不届きな五郎兵衛が我が足を撃ち、おかげで不自由な身体となった。思えば、そもそもお前があいつを村へ呼び寄せたから、こうなったのだ。お前を懲らしめるために、こうしてとり憑いて、さんざんに苦しめてやる」

と口走っているらしい。

気の毒に思った五郎兵衛は、急いで村へ行き、主人を見舞った。

そして、

「恨むならわしを恨め。祟るならわしに祟れ。宿の主人にとり憑くのは筋違いだ」

と詰め寄った。

狐はあせり、

「お前には威勢があって近づき難い。それ故、代わりにこいつにとり憑いたのだ」

などと苦しい言い訳をした。

これを聞いた五郎兵衛はからから笑い、

「お前では話にならん」

と言って宿を出ると、庄屋や村年寄の家を訪ね、

「宿の主人が狐にとり憑かれて苦しんでおります。あの者を救うため、私は今から氏宮の八幡

様へ直談判しようと思います。お立ち会い願いたい」

と申し入れた。

ところが、庄屋や村年寄は、

「神様と対決するだと？　何を馬鹿な……」

と本気にしなかった。

そこで五郎兵衛は主人を八幡宮の境内まで引っ立てて行き、神前の桜樹の幹に縄で縛りつけた。

そして、縄に火をつけ、大胆にも銃口を神殿へ向けたかと思うと、こう言った。

「私が村へ来る途中、この狐に手傷を負わせたところ、狐は八幡宮のお使いだと称して、私ではなく何の罪もない宿の主人にとり憑いて、このように苦しめております。例えば全身白色だったり、身体に特別な文様でもあれば、我々人間もそれが神のお使いだと分かるから、決して傷つけたりしません。ところがこの狐の外見は他の狐と全く変わらなかったので、区別出来ずに撃ったまでのことです。それなのに、筋違いの恨みで無関係の人間を苦しめるのは理解できません。自分のお遣わしめがこんな非道をしているというのに、それをご主人たるあなた様が、ただ黙って見ておられるとは、一体どういうことか。ご返答頂きたい。ご返答なくば、畏れながら、一発お見舞いして差し上げましょう」

するど、主人の身体がぶるぶる震え出した。そして、とり憑いていた狐は、

「五郎兵衛様、どうかもうお止め下さい。私が悪うございました。この者の身体から立ち退きます」

と詫びを入れた。

五郎兵衛が、

「最初からそうすれば良かったのだ。さっさと立ち去れ」

と叱ると、狐はおずおずと、

「では、この縄を解いて下さいませ」

と言った。

庄屋たちが縄を解いてやると、宿の主人は突如、五、六間走り出し、そこでぱったり倒れた。助け起こして宿へ連れ帰ると、最早、正気に戻っていた。

さて、肝心の五郎兵衛はというと、主人が正気にかえったのを見届けると、翌日には自分の村へ帰って行ったという。

◎狐の義理立て――「東遊記」後編巻之二

越後国の某村に、百姓夫婦が娘三人とつましく暮らしていた。

天明五年(1785)のこと。

家に鼠が出ては家財道具をかじり損じるので、ある日、この家の主は馬銭子《まちんし》なる駆除薬を買ってきて飯に混ぜ、置き餌にした。

やがて、そうとは知らぬ鼠が食べ、二、三匹ほど死んだので、死骸は庭先へ捨てておいた。

ところが……。

その夜、一匹の狐がやって来て、庭先の鼠を喰った。

すると狐の身体にも毒が回り、ほどなく死んでしまった。

親狐はこの家の主を深く恨み、仕返しとして主の娘たちに順番にとり憑いた。三人は三者三様、さんざんに苦しみながら死んでいった。両親の悲しみたるや、尋常ではない。

主は庭先へ出て、悲痛な叫び声を上げた。

「確かに鼠の死骸を庭へ捨てたのは私だが、お前たちの子どもを殺そうと思ってやったことではない。にもかかわらず、お前たちはうちの娘を三人とも無残にとり殺してしまった。元はと言えば、お前たちの息子が毒入りの鼠を誤って食べたことが原因であろう。あまりといえば

「東遊記」より
狐の義理立て

あまりの仕打ちだ」

するとこれをどこかで聴いていたからか、翌晩、庭へ出てみると、老狐が二匹、揃って冷たくなっていた。

おそらく昨日、主人に責め立てられて過《あやま》ちに気づき、自ら命を絶ったのに違いない。

これを見た夫婦は、仇《かたき》といえどもその死を憐れみ、世の無常を思い知った。そこで夫婦揃って剃髪し、田畑を売り払って西国巡礼の旅に出たという。

◎盗狐の末路――「新著聞集」第十六

丹波篠山藩の城主・松平伊賀守が先祖の位牌の並ぶ仏殿を見ると、すっぽんを喰い散らした跡があった。

詮議の末、狐の仕業と判明した。

伊賀守は激怒し、

「いくら分別なき畜生であろうと、父祖のご霊前を穢した罪は到底、赦し難い。明朝から即刻、狐狩りを致せ。この国の狐を根絶やしにするのじゃ」

と臣下へ命じた。

さて、その夜。

伊賀守の居間の外で怪しい物音がした。

伊賀守が戸を引き開けてみると、三匹の狐が並んでいた。

中央には、葛で縛られた狐が座っていた。

そして、左右には、その葛縄の両端を片方ずつ咥えた狐が、畏まって控えていた。

伊賀守は一見して事の次第を悟り、

「盗狐を捕縛してここまで連れくるとはあっぱれじゃ。そやつの処分はお前たちに任せるぞ」

と言い渡した。

すると二匹は、たちまちその場で盗狐を喰らい殺してしまったという。

◎稲荷神は潔白か——「新著聞集」第十六

安藤対馬守が、知人から借り受けた孔雀を駕籠に入れ、屋敷に置いていたところ、一夜のうちに狐が喰い殺し、朝には頭と尾しか残っていなかった。

怒り心頭の対馬守は、早速、屋敷の隅に祀られていた稲荷の社を破却してしまった。

するとその夜、一匹の狐が対馬守の夢枕に立ち、

「孔雀の件は、当方が全く与り知らぬことだ。おそらくは、他所から入りこんだ狐の仕業であろう。三日のうちにその証《あか》しをお見せしようほどに、しばしお待ちあれ」

と告げた。

そして……。

三日目の夜、伊賀守の夢にまたもや例の狐が現れて、

「約定通り、当方で詮議の上、仕置きも済ませた故、ご覧になるが宜《よろ》しかろう」

と言う。

そこではっと目を覚ました伊賀守が、ふと縁へ出てみたところ、庭では大きな老狐が何者かに喰い殺されていた。

伊賀守はこれを見て感心し、早速、かの社を再建させたという。

◎**狐火の不思議**――「**想山著聞奇集**」**巻之一**

ある男が、小雨の田圃《たんぼ》道で狐火の行列に出喰わした。五十か百か、とにかく沢山の火の列が向こうから静々と近づいて来る。胆《きも》の据わった男だったので、

「よい機会だ。この際、狐火の正体を近くで見届けてやろう」

と思い立ち、濡れるのも厭わず傘をすぼめ、道から田へ下りて、稲の中へ身を潜めて、じっと待った。

そのうちに火の行列が目の前をよぎって進んだが、不思議なことに見えるのは火ばかりで、狐の姿はなかった。十ばかりやり過ごしたところで、

「ここでじっとしていても、埒があかない」

と思った男は、勇気を奮い、あらん限りの大声を上げながら、道へ躍り出た。

すると、向こうもさすがに仰天したものか、あれだけあった火が一斉に消えて、辺りは漆黒の闇に包まれた。男の足元の辺りでは、たくさんの狐の叫び声がする。そこで、男は傘で打ち据えてやろうと散々に振り回したのだが、空を切るばかりで、一向に手応えがなかった。

そのうち静かになったので、もはや相手は去ったのだろうと思い、落ち着いて辺りを探ってみた。というのも、

「狐は牛の骨を咥えて狐火を点《とも》す」

とかねがね噂で聞いていたので、もしやその骨が落ちてはいまいかと考えたからである。しかしそれらしき物は見つからなかった。

男はいったん諦めて家へ戻ったが、気になって、今度は提燈を片手に確かめに戻ったが、や

はり無駄足であった。

ところが……。

その帰り道、家から少し離れた町角に、牛の骨が何百本と打ち捨ててあった。やはり、牛の骨を咥えて火を点すという噂は真実なのだろう。

ただ、そうだとしても、例の夜道ではしっかり咥えて落とさなかった牛の骨を、どうしてこの場所へ無造作に捨てて去ったのだろうか。それが解せなかった。

また、骨の散らばりようから察するに、数十匹の狐が、ここで狐火を点しながら寄合を開いたらしいが、あれだけ沢山の牛の骨をどこで入手したのかも謎だった。少なくともこの近辺ではとても無理である。

とにかく、何から何まで、分からぬこと尽くしであった。

◎くだ狐——「想山著聞奇集」巻之四

信州某村に住む百姓・小右衛門には二十六になる娘がいたが、ある時から、夜分に寝ついたと思うと、直ぐにヒイヒイと絶叫して止まない奇行が続いた。

そこで小右衛門は、道玄という男に療治を頼んだ。

夜、その家を訪れた道玄は、手水場《ちょうずば》を借りようと、燈火を手に暗く長い廊下を進んだ。幾度か曲がって、ようやく見えて来た手水場の入口に近づこうとすると、突然、額の左側がひやりとした。糊でも塗られたような感覚だった。

「何か」

と思って手で拭っても、何も付いていない。

そこでまた進もうとすると、同じ場所がまたひやりとする。

「遮《さえぎ》る物もないのに、面妖なことだ」

と思いながらも手水場へ入って用を足し、出て来てそこを通るとまたひやりと何かが触れたが、生来、胆の据わった道玄は慌てず騒がずそのまま通り過ぎて、部屋へ戻った。

そして、小右衛門にその旨を告げたところ、小右衛門は、

「あそこへは祖父の代に行ったきりで、親爺の代になりましてからは、一度も使ったことがございません。もしや化け物でも……」

と震え上がった。

ともあれ、その夜に限って、娘の容体が落ち着いているので、道玄は、

「明晩、また参ります」

と約して、小右衛門宅を辞した。

ところが……。

例の一件がやはり気にかかり、小右衛門に訳《わけ》を話して、しばらく一室を借りた。道玄は、まず脇差を抜き、墨で黒く塗った紙を刀身に貼り付けて、刃を見えなくした。それから燈火を左手に持ち、さきほどの手水場へ向かった。

右手に握った刀は切っ先を上にして、拳をちょうど左の腰骨あたりにぴたりと付けておいた。左の袖がかぶさっているから、隠し持っていることがばれる心配はまずない。

そのまま問題の箇所へさしかかると、案の定、左の額の辺りに冷たい感触があった。

とその刹那、渾身の力を込めて右手の脇差を突き上げると、確かに手応えがあり、だらだらと糊のような液体が流れ出てくるのが分かった。

気配からして、相手は逃げ去ったようだった。

そこで、明るいところへ戻って確かめてみると、道玄の着物の左半分は、血糊で真っ赤に染まっていた。もちろん、相手の流した血であった。

己は無傷であったので、道玄は、身体を洗い清めると、平然と就寝した。その夜、娘は叫び出すことなく、安眠していた。

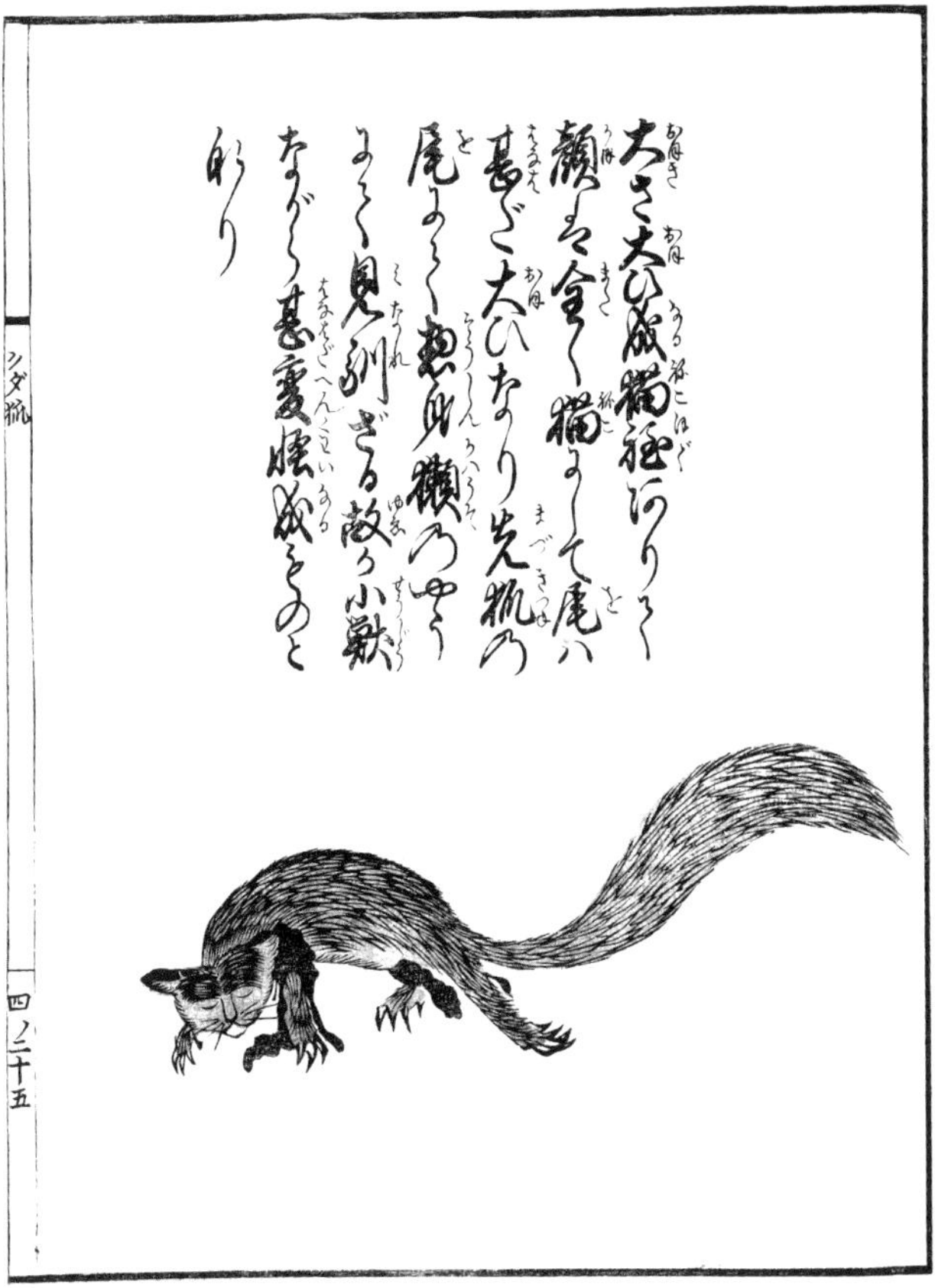

クダ狐
「想山著聞奇集」より

さて翌朝。

隣家の者が騒ぐ声で目覚めた道玄が行ってみると、大猫ほどもある獣が脇腹を斜めに突き通されて死んでいた。

顔は猫さながらだが、体形は獺《かわうそ》、体色は灰鼠に似ていた。ところが尾は太くて長かった。

おそらくそれが、世に名高い管狐《くだぎつね》であったのだろう。通常、人間には姿が見えず、代々、特定の家の者にとり憑いて様々に害する、恐ろしい妖獣である。とり憑かれたとされる家は周囲から「くだ付」と忌み嫌われ、婚姻を結ぶこともかなわなかったという。

◎騙された狐——「北国奇談巡杖記」巻之五

越前国の某湊は繁華この上なく、あたりには料亭娼家が立ち並んで活況を呈していた。

ここに逗留していた相撲取の黒丸は、昼間に某所へ出かけた。所用を済ませ、山道を通って戻る頃には、最早、夜更けだった。

闇夜を馬で進むと、向こうの方では、斑《まだら》模様の狐が独り踊り興じていた。

が、狐は黒丸の姿に気づくや、たちまち美麗な若衆に化けた。

もとより、それを承知の黒丸であったが、わざと素知らぬ顔で近づくと、

若衆は、

「私はさる町人の倅ですが、夜道で財布を落として路銀を失い、このままでは帰れません。親元まで送って下さいませんか。こう申し上げては失礼ながら、後で両親から十分なお礼をさせて頂きますので……」

とぬけぬけと頼み込んだ。

黒丸はだまされたふりをして若衆を馬へ乗せ、しばらく進んだ。

そして、

「聞けば、お前さんの家はここからは随分遠い。この近くに、俺が懇意にしている料理屋があるから、そこで酒でも飲み、腹ごしらえをしてから、また出かけよう」

と言って、馴染みの料理屋へ急いだ。寝ている主人たちを叩き起こし、

「ご大家の若旦那をお連れしたぞ」

とばかりに事情を話すと、主人たちは大喜びでけなげに動き回り、座敷へ通された二人の前には、あれよあれよという間に、美酒とご馳走が並んだ。

それから黒丸と若衆は大いに飲み、喰った。

やがて……。

ついつい飲み過ぎた若衆が酔いつぶれて寝てしまったのを幸いに、黒丸は主人を呼び、

「俺は急用を思い出しから、先に帰る。今宵の勘定は、座敷で寝ている若旦那から貰ってくれ」

と言い残して、裏口からそっと帰って行った。

朝方、ようやく目覚めた若衆は黒丸を呼んだが、返事がない。

代わりに現れた主人は、勘定書を手に、

「昨夜のお代は、しめて壱分と七百文でございます」

と迫った。

無論、金子《きんす》を持ちあわせているはずもなく、どぎまぎするうちにうっかり術が解けて、狐の正体がばれてしまった。

怒った主人は棒を片手に追いかけて来る。

狐は逃げ惑った挙句、やっとのことで料理屋を抜け出して、山へ逃げ帰ったという。

◎人が狐に憑く――「静軒痴談」巻之二

猟師某はある人から、

「一両日中に狐一匹を仕留めて、俺へ引き渡してくれ。礼はたっぷりはずむから」

ともちかけられた。

猟師は大喜びで猟へ出たが、そういう時に限って、なかなか見つからない。ところが、約束の日ぎりぎりに、とうとう一匹見つけた。暢気《のんき》に木の下で昼寝をしていた。

「これぞ天のお恵み」

とばかりに鉄砲をぶっ放したが、あろうことか撃ち損じてしまった。

おかげで礼金の話は、夢と消えた。

さて、その日の夜。

猟師が帰依する寺の僧の夢に狐が現れ、

「私は今日の昼間、猟師の某にとり憑かれてしまいした。辛くて堪《たま》りません。どうかこの苦しみからお救い下さい」

と泣いて訴えた。

そして、次の夜も、また次の日も、狐は僧の夢に出てきては、同じ頼みを繰り返すのだった。

不思議に思った僧は某を訪ね、夢のことを話した。

すると某は大笑いして、

「何を言い出しなさるのかね、和尚様。何で俺が狐めにとり憑かねばならんのだ。つらい思いさせられたのは、むしろ俺の方さ。というのも……」

と、過日の猟の顛末を話して聞かせた。

僧はだまって聞いていたが、某が話し終わると、

「お前さんは、まだ礼金のことを忘れかねておるじゃろ。その執心こそ、狐を苦しめている元凶じゃ」

と言い、いくばくかの金子を猟師に与え、

「さあ、十分とは言えんじゃろうが、ひとまずこれを取っておきなされ。これで借財を返し、食べものやら着るものやらを買って、心穏やかに暮らすことじゃ」

と言い聞かせた。

某は狂喜し、押し戴くようにしてその金子を受け取った。

そして、その日の夜。

例の狐がまた僧の夢に現れ、

「お蔭さまで、苦患《くげん》から救われました」

と嬉しそうに礼を申し述べると、姿を消したという。

◎**狐玉に触れる**——「寓意草」下巻

昔、ある宮の床下から、狐の毛を丸めた玉が二、三百も出てきたことがあった。

また、過日、常陸国に住む渡辺長七という男の家へ、狐が二つの玉をもたらした。毛の生えた黒っぽい玉で、触るとほんのり温かいという。

◎**犬に憑く狐**——「寓意草」下巻

狐が憑く相手は、人間ばかりではない。

ある日、服部新兵衛の飼い犬が、背戸の前で昼寝をしていた狐に飛び掛かった。狐は驚いて飛び起き、逃げ去った。

それから二日ばかりして、その犬が昼寝をしていると、例の狐がやって来て飛び掛かった。今度は犬の方が驚いて逃げた。

これを境に、犬は狐に憑かれ、屋根の上へ登って歩き廻ったりした。

ただ、憑かれた期間はそれほど長くはなく、二日もすると、狐の霊は離れて行ったという。

◎狐と犬――「反古のうらがき」巻之二

狐が犬に遭うと妖力を失い術が解けて、喰われてしまうというのは、あくまで昔の話である。

無論、不意に出喰わして慌てた折にはそうした不覚をとることもあろうが、安全なところにいて身の危険がない状態ならば、その通力を十全に発揮するであろう。

ましてや、食べ物をめぐって争う時には、犬は狐よりもそちらの方へ注意が向いているので、狐の意のままにされやすい。

また、人の食べ物が欲しいけれども奪う手立てがない、そんな折に狐がどうするかというと、まずは犬を術で誑《たぶら》かし、その犬をうまく使って望みの物を得たりもするのだ。

昔からの言い伝えのみを妄信して、敵の策略に気づかないようではいけない。

◎狐の玉――「信濃奇談」巻之上

ある年の秋、某という藩士が網を携えて三峯川の畔《ほとり》を歩いていたところ、岸辺で白狐が右に左に跳ね飛びながら、無邪気に遊んでいるのに出喰わした。

そこで某が網をうち掛けたところ、狐は驚き慌てて、逃げ去った。

そして、後には光る玉が残されていた。

吉田氏も狐の玉あ

りその玉を切やう

や其岡氏や同し程に

明すも見小群きあり

ありやまね

　　蛇足

小町谷とふ里の何る富り夜半の比ほひ村乃

鶏なひ啼くしを啼るある一夥きんそれハ

ふくやかなる蛇ふら村々来りく鶏を毛とん

水まてねる引接さしくて打殺して串を串き

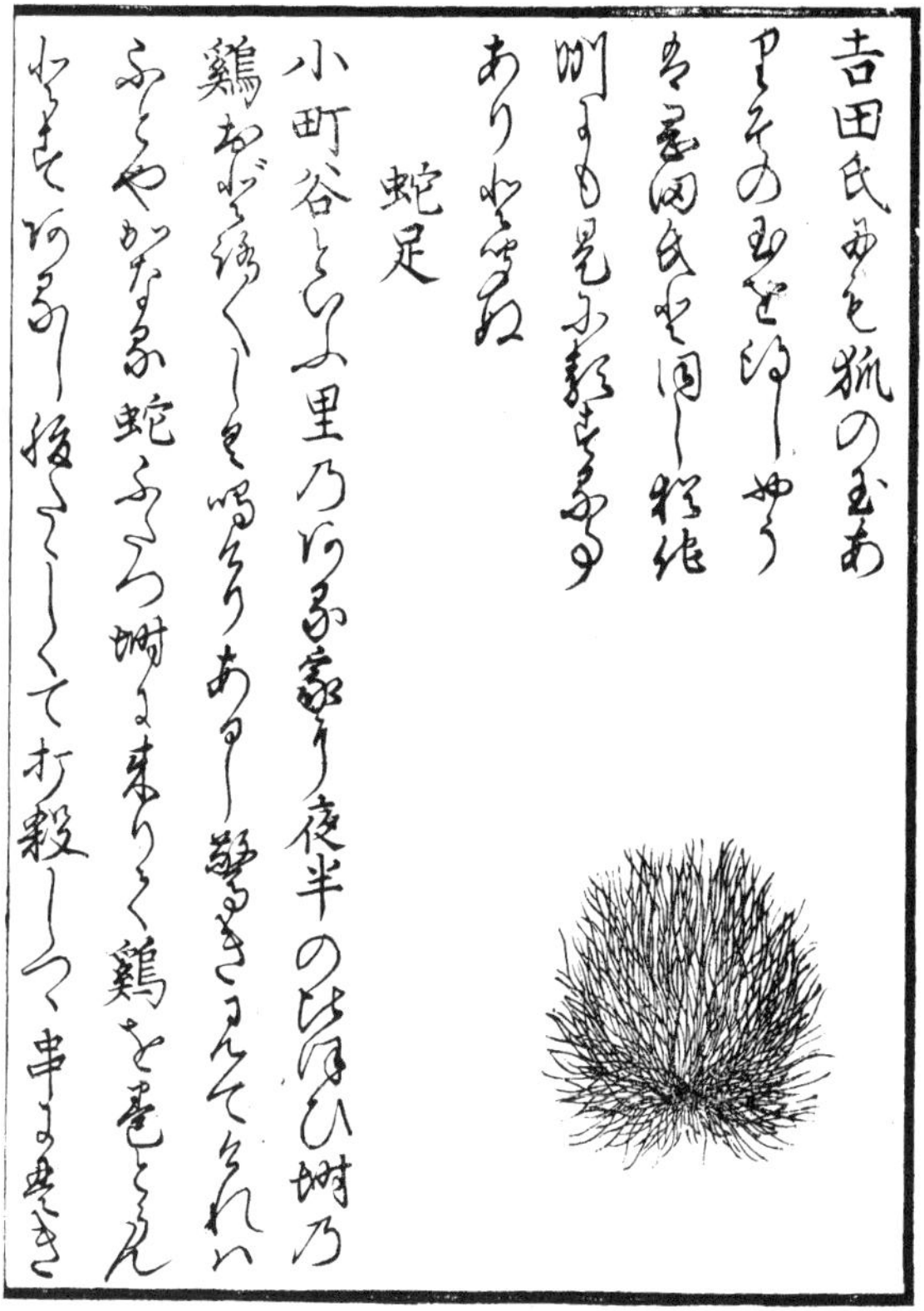

狐の玉　「信濃奇談」より

拾いあげてみると、玉は白い毛で出来ていた。今も藩士の家に秘蔵されている。

唐土の書物によれば、蜘蛛、百足、蛇の類にも同じような玉があるという。

◎**狐と田**――「**信濃奇談**」**巻之上**

昔、坂井の里に住む浦野某が、妻を迎えて子を授かった。

ある日、母が子に乳をやりながら添い寝していると、子が起き出して、「かかさまに尾が生えた、かかさまに尾が生えた」

と大声で騒いだことから、正体が狐であると皆にばれてしまった。

女は、

「最早ここでは暮らせない」

と思い、行方をくらませてしまった。

ところがその夜のうちに、浦野家の田にびっしりと稲が生え揃った。おそらくは、あの女が通力で植えたのであろう。

その年、田はことのほか豊作で、浦野家は大いに栄えたという。

◎**狐の油断**――「譚海」巻之八

江戸・本所亀戸《かめいど》に住む大工の某がある日、夕涼みをしていると、向こうの方に狐が一匹現れ、何やら掌で転がしているので見ていると、ぱっと火が燃え出でた。その明かりを頼りに、地を這う虫を見つけては、拾って食べているらしかった。

虫探しに気をとられているのを幸いに、某はそっと狐に近づき、素早くその掌の物を奪った。狐は驚いて逃げて行った。

それをよく見れば、白い玉であった。掌で転がすと、火が燃え出る。

何とも不思議であった。

某はこれを大事に持ち帰った。

そして、薄暗い玄関で草履を探す時、燈火の代わりに用いたりして、悦に入っていた。

ところが……。

かれこれ三年も過ぎた頃から、狐が一匹、始終、某につきまとうようになった。追い払っても戻って来る。

と同時に、某はみるみる痩せ衰えていった。

心配になって知人に相談すると、

「その玉のせいだ。早く手放した方がよい」

と勧めるので、某もようやくのことで決心がつき、ある夜、家の外へ玉をえいっと投げ捨てた。

すると、例の狐がつつつと玉へ近づき、拾い上げるや走り去って行った。

その後、某には何事も起こらなかったという。

◎狐の舌――「譚海」巻之十

狐の舌は薬種になる。

ただし、それについては、奇妙なことがある。

狐を殺して舌を取り、ひとまず家の中に置く場合、どれだけ厳重に保管したつもりでも、いざ薬に仕立てようとして捜すと、絶対に出てこないのである。

それ故、狐の舌をしまいこむ時には、弓にくくりつけておくこと。

こうすれば、紛失することがない。弓の威力が狐を寄せ付けないからであろう。

◎狐を遣《つか》う加持祈祷――「譚海」巻之十一

狐遣いの僧が評判だというので、ある日、その加持祈祷を実際に体験してきた。行くと、紫のふくさに包んだ法華経一巻を渡され、両手で捧げ持つように言われる。僧はしばらく唱えごとをすると、その法華経を取り去り、

「両手はそのまま上げておくように」

と言う。

「奇妙なことだ……」

と思いながら、そのまま、左右の手を並べて上げたままにしていると……。

やがて、左の親指の爪の間へ入りこむものがあった。

小さな蜘蛛のようなものだった。

これがひなひなと体内を這い進み、手首の脈所《みゃくどころ》の近くへ達した。

「さては、狐が憑こうとしているのだな。そうはさせじ……」

と一心不乱に陀羅尼を念じたところ、脈所の手前で引き返して行った。普通の者はあのまま狐に憑かれてしまい、狂乱しながら様々なことを口走るらしかった。

こうした狐遣いの僧は、はじめのうちは狐のおかげで目覚ましい効験を上げられる。

しかし、年を経て、狐が僧と別れてしまうと、相当ひどい目に遭わせられるという。

◎蝋燭と狐――「東牖子」巻之五

田舎に住んでいた頃、夜に出歩く度、提燈の蝋燭を野狐《やこ》に取られて、難渋していた。

すると、ある人が、

「予《あらかじ》め、蝋燭の尻に息を吹きかけておけばよい」

と勧めてくれた。

半信半疑で言われた通りにしてみたら、以後、蝋燭を取られることはなくなった。

野狐は人の息のかかったものは食べず、人の喰い残しには見向きもしないというから、それと同じ理屈なのだろう。

◎騒々しい家――「西山物語」巻之中

侍・某が昼間から、家で家族と酒盛りをしていると、膳の銚子がひとりで躍り上がって、天井の梁へぴたりと貼り付いた。と同時に、夜でもないのに、どこからともなく、しきりと狐の声が聞こえてきた。

そこで、座の一人が老母の杖を借り、銚子をつつき落そうとしたが、まるで漆で貼り付けたように、びくともしなかった。いらいらして杖で打ち叩くと、銚子は狐の声で泣き叫んだ。

その後は、家鳴りが頻繁になった。

また、陽の高いうちから、火桶、茶碗、皿、金碗、柄杓《ひしゃく》などが躍り出して互いにぶつかり合い、かちゃかちゃ音を立てた。

物干しにかかっていた着物や袴の類が、人間が歩くように空中を浮かび歩いたりすることもざらだった。

とにかく騒々しいこと、この上ない。

ところが、当の家人たちは暢気なもので、

「妖怪が悪戯するのは、うちのように貧乏な家ではよくあることだ。それに、腕のよい役者連中を大勢家へ呼んで、結構な出し物を見せてもらっていると思えば、結構、面白いし、有難いじゃないか。ほらほら、あそこには三つ目入道が立っている。おやおや、向こうにはろくろ首だ」

などと言って、普段通りの生活を続けていた。

◎**狐の息**――「一宵話」巻之二
ある人の話。

「近くで見たことがあるのだが、狐火の正体は彼らの吐く息だよ。狐はひょうと高く飛び上がる時、口中からふっと息を吐く。その息がひらひらと光って、炎のように見えるのだ。だから、口から直接火が出るのではなく、口から二、三尺離れたところが光る。そして、光り続けることはない。狐が勢いに乗って、ひょっと飛び出す時だけ、光がちらつくことになる。

そうした訳だから、狐火は遠くからは明滅して見えるのだ。

昔の本にはよく『尾を打ち合わせた火花が狐火だ』と書いてあるが、口と尻とでは大違いだ」

◎網にかかった狐火――「諸国里人談」巻之三

元禄年間（1688–1704）のこと。

夜の川へ出て網をうつ男がいた。

すると狐火がひとつ、ぽっと現れて手元の方へふわふわ近づいて来た。とりあえず網をうち掛けてみると、一匹の狐がひと声だけ鳴き声を残して、暗闇を逃げて行った。網の中には、光る玉が残った。

持ち帰って翌朝よく見ると、色は薄白く、まるで鶏卵のようだった。

「一宵話」より
狐の息

昼の間は一向に光らない。ところが、日が暮れると輝きだす。夜道を歩く時、提灯の中へこれを入れておくと、蝋燭の何倍も明るく便利だった。

男は、

「我が家の重宝なり」

と玉を秘蔵していた。

さて、ある夜、男はまた川へ出て網を打った。

大事な玉は、紗の袋に入れて、肘にかけていた。その光を頼りに漁をしていたのである。

すると、大きさ一間ほどの大石と思《おぼ》しきものが、川へざんぶと飛び行った。すごい音がして、

川水は四方へ飛び散った。

途端に、玉の光が消えた。

袋を手で探ると、破れていて玉はなかった。

見れば、二、三間向こうにぽっと玉の光が点った。

「さてはあの狐に取り返されてしまったか」

と悔しがり、網を持って追いかけたが、とうとう、逃げられてしまったという。

◎**抱きつく狐**――「**砂払**」

享和二年（1802）刊行の十返舎一九「青楼松之裡《まつのうち》」に紹介されている、廓の風習。

正月になると、狐の面をかぶり幣を持った者が突然座敷へ躍り込み、遊女や禿《かむろ》を追いかけまわした。

この狐に抱きつかれると、その年のうちに子を孕むというので、女たちは嬌声をあげながら逃げまわったという。

◎**走る狐**――「**甲子夜話**」**巻之一**

羽州秋田には、有名な狐がいた。

よく人に馴れ、走るのが異様に速かった。

秋田侯の書翰を首に結わえて促すと、直ちに江戸まで駈けて行った。

ところが、ある時、書翰が届かぬことがあった。

初めてのことだったので、人々が訝しがって通り道を捜してみると、途中、吹雪に見舞われたとみえて、雪に埋まっていたという。

◎**禽獣も化かす**――「甲子夜話」巻之八

ある山の老狐は人間を怖がらず、平気で人家へ上がり込んでは、家人の横に座って、餌を貰ったりしていた。

この狐は、人間ばかりでなく他の動物にも術をかけることが出来た。

例えば、一羽の鳥が樹上にとまっている時、老狐が樹の根元をぐるぐる廻ると、その間、鳥は飛び立ちたくても体が動かなかった。狐が頭を揺らすと、鳥の頭も同じように揺れた。狐の思うがままに操られていたのである。

◎**剛毅な男**――「甲子夜話」巻之十七

足軽の善九郎は剛毅で知られ、鉄砲の名手でもあった。

ある時、妻女が狐にとり憑かれると、その襟首をむんずと掴んで庭へ引き出し、迷わず撃とうとした。

これにはとり憑いている狐の方が慌てたとみえ、妻は狂乱して善九郎の手を振りほどき、逃げまどった。善九郎がそれを取り押さえたところ、狐の霊は言った。

「あなたには降参です。まもなく奥方の身体から離れようと思います。ただ、ひとつお願いが

あります。今後、私を撃つのをよして頂けませんか」これを聞いた善九郎が、

「世の中には狐がたくさんいる。見かけは皆、同じだ。他の狐とお前との見分けなどはつかんわい」

と言うと、狐は、

「ならば、合図を送ります。あなたが鉄砲で狙いを定められた時、後ろ脚をぴょこりと上げます。それで私だとお分かりのはずです」

と、もっともらしいことを言う。善九郎が、

「よし、分かった。お前の言う通りにするから、早く離れろ」

と促すと、狐の霊は直ぐに妻女から離れて行った。

さて、後日。

山での猟の帰りに畠へさしかかると、一匹の狐がいた。

追いかけると、不思議なことに狐は一目散に逃げるのではなくゆるゆると歩み、こちらを振り返ると、ぴょこりと後ろ脚を上げた。例の合図であった。

善九郎は、

「おお、お前か。合点じゃ」

と言いながらも引き金をひき、即座に撃ち殺した。

◎**鴨を捕る**――「**甲子夜話**」**巻之二十一**

某寺の池の畔には、鴨がたくさんいる。

時々、狐が現れて、岸辺に坐る。

すると、鴨たちがつつっと岸の狐の方へ寄って来る。傍から見ると、己からわざわざ喰われに行っているようだ。

狐の術にかかり、意に反して引き寄せられてしまうのだろう。

◎**秀吉と狐**――「**甲子夜話**」**巻之二十二**

ある時、宇喜多秀家《うきたひでいえ》のひとり娘に妖狐が憑いた。

療治や加持祈祷が一切効かず、家族も家臣も困り果てていた。

これを聞いた秀吉が娘を召し出し、

「速やかにその身体から立ち退くべし」

と命じたところ、狐の霊はたちどころに去った。

去り際に狐の霊が言ったことには、

「たとえこの娘の体が車裂きの刑に遭っても離れまじと思っていたのに、無念だ。まさか秀吉が出てくるとは。

わしが命に背いてこの娘の中に居座れば、あやつは諸大名に命じて国中の狐を狩り尽くすことだろう。

わしの意地のために、多くの仲間を死なせるわけにはいかん。

だから去るのだ」

◎**宮島と狐**――「甲子夜話」巻之二十二

安芸の宮島には、狐憑きはいない。

他所で狐に憑かれた者も、この島へ連れて来れば、霊は必ず落ちる。どれだけ狂乱していても、厳島社の鳥居の内へ引き入れれば、たちどころに正気に戻る。神威はかくの如し。

◎**狐の吉凶**――「甲子夜話」巻之二十九

芝居などに登場する九尾金毛の狐は、決まって悪狐である。

しかし、「延喜式」治部省の条をみると、列挙されている祥瑞の「上瑞」欄に、はっきり九尾狐と書いてある。

そしてその注釈には、

「神獣なり。身体は赤ないし白色である。鳴き声は嬰児に似ている」

とある。

ここに書かれているのは、金毛ではないにせよ、九尾狐に他ならない。

とすれば、世人が妖怪凶獣と忌むのは、何故だろうか。

◎矢をかわす狐――「甲子夜話」巻之四十二

弓法を伝える家の当主が、ある日、庭に出た狐を射たが、矢は当たらなかった。

翌日、狐がまた現れたので射たが、また外れた。

それから数日、狐が現れるたびに射るのだが、どうしても当たらない。

その様子を見守っていた妻女が、

「狙って、矢をつがえて、弓を引き絞って、射る……という動作がいつも一定の調子だから、狐が予めそれを読んで、矢をかわすのですわ、きっと。

一度、普段とは違う調子で射てみられたら、如何」

そこで、翌日、夫が平素の調子をわざと外して射てみると、矢は見事に命中した。

◎**人が狐を惑わす**——「甲子夜話」巻之四十五

ある男の家は、崖の上にあった。

崖の下は別の者の畠だった。

ある日、男がふと下の畠を覗くと、一匹の狐が昼寝していた。

男はかたわらの大石を抱え上げ、崖の縁まで歩んだ。狐の上へ落として押しつぶしてやるつもりだった。

ところが……。

男がまさに石を落とそうとした刹那、狐が何かの気配を察知したのか、急に起き上がって逃げ去った。

それからというのも、男はしきりにあの時のことを思い出し、

「足音で気づかれたのだろうか」

「石をもう少し早く落とすべきだった」

などと煩悶《はんもん》した。

数日後。

男の妻が突如、物狂いになった。そして口走ったことには、

「私はお前にあやうく殺されかけた、あの狐の霊だ。お前はあの日以来、私を殺しそこねたと、そのことばかりくやしがっている。その一念がいつしか私を害し、いまや死の淵まで追い込まれている。つまり、お前は私の仇だ。その報いとして、こうやってお前の妻にとり憑き、命を奪ってやるつもりだ」

男が、

「それは困る。妻を助けてやってくれ。どうしたら赦してくれるのだ」

と問うと、狐の霊は、

「俺を殺せなかったとくやむのを止めよ。さすれば、この女の身体から離れよう」

と答えた。

そこで、男が狐への一念を捨て去る旨を堅く約すると、狂乱していた妻女は鎮まり、数日後には正気に戻ったという。

狐が人間に憑く話は多いが、このように人間が狐を惑わした例は珍しい。

◎狐穴を定める――「甲子夜話」巻之四十八

ある時、某という侍が昇進して、主君から別邸を賜った。招かれた知人が庭を歩いていると、狐穴があった。その旨を伝えたところ、某が言うには、

「ああ、あれか。あの穴にはちょっとした謂《いわ》れがあるのだ。ある日、俺が庭の林中を散歩していると、どこからか一人の翁が現れた。そして、俺にこう告げたのだ。

『この地には、昔からたくさんの狐が棲んでいます。狐は霊獣ゆえ、丁重に扱えば、あなた様のお屋敷の鎮守となりましょう。手始めに、狐穴をどこに設けたらよいか、ご指図下さい。場所さえお示し頂けたら、あとは狐が己で掘ります故……』

そこで俺は思案をめぐらせ、然るべき場所を示した。

すると、翁は頷き、ふっと姿を消したのだ。

あとで見ると、狐が例の場所へ来て、深い穴を掘っていた。それが、貴殿の見た穴さ。

あの翁はきっと狐の化身だったに違いない。この地に他の住人はいないし、外から余所者が入って来たとも思えないからな」

◎役者に惚れた狐――「甲子夜話」巻之四十八

美男で知られる歌舞伎役者・市村羽左衛門《いちむらうざえもん》（先代の竹之丞）が上洛の途上、大津で一泊した。宿で手水《ちょうず》をつかおうとして盥《たらい》に向かうと、水に狐の影が映っていた。

無論その当座は不審に思ったものの、ほどなく放念し、出立した。

さて、京での芝居を終えての帰路。

大津に泊まると、またしても手水の水面に狐が映った。

そこで、羽左衛門が思い切って振り返ると、其処には一匹の狐がちょこりと座っていた。

羽左衛門が、

「お前は何者だ。どうして此処にいるのだ」

と訊いたところ、狐は、

「あなたの容色に惚れ込んだものだから、ずっとお傍にいるのです。このまま江戸までお供させて頂けかせんか」

と申し出た。

羽左衛門はこれを憐れみ、同道を許した。

そして江戸に着くや、芝居小屋の敷地の隅に稲荷を勧請し、その小祠を大津稲荷と名付けた。

祠《ほこら》は後に竹之丞寺へ遷《うつ》されたという。

◎狐と知れども——「甲子夜話」巻之五十九

ある男が向島へ往く途中、妖しげな美女と行き逢った。

誘われるままに女の家へ赴き、懇ろになった。

それからは毎晩のように女と共寝しては、明け方ごろ自宅へ帰る暮らしが続いた。

家人が訝しがって行先を訊ねると、男は、

「向島さ」

とだけ答えた。

最初の頃は家人もそれで済ませていたが、日が経つにつれ男がみるみる憔悴していくのに驚き、毎夜どこで何をしているのか詰問したので、男は仕方なく例の女のことを明かした。

事情を聞いた家人は、

「それはまさしく妖狐だ。このまま通い続けると、生気を残らず吸い取られて死んでしまう。会うのは止めなさい」

と諫めたが、男は、

「俺だって、あいつが狐だと分かっているさ。でも、心底、好いているから、離れられないんだ」

といって、その後も女に会い、逢瀬を重ねた。

やがて、周囲が危惧した通り、男は萎え果てて亡くなった。

その朝、家人がふと見ると、庭で一匹の狐が死んでいた。男と契った牝狐に違いない。

◎珍しい狐玉――「甲子夜話」巻之六十一

過日、庭に稲荷の小祠を造り、無事に勧請も済ませた男が、

「朝起きると、祠の壇上にこんな物が載っていた」

と言って、狐の玉を持って来た。

狐の玉なる物は他所でも時々目にしていたので、

「どうせ似たり寄ったりの毛玉だろう」

と思いながら見たところ、今回は違った。

なんと白黒まだらの毛玉だった。至極珍しい代物《しろもの》だった。

◎**那須野の小祠――「甲子夜話」巻之六十七**

かつて妖獣・九尾狐が退治されたと伝わる那須野には、その霊を祀る小祠が建てられ、地元では稲荷祠と呼ばれている。

さて、そこから二、三里離れたところには、堀之内村という村落がある。住民の先祖は、九尾狐を狩る際の勢子《せこ》だったという。

そのためであろうか、堀之内村の者たちが小祠へ参ると、必ず禍いに見舞われる。暴風雨に遭う、喧嘩沙汰が起こる、怪我人が出る等、平穏に済んだことがなかった。

更に怖ろしいことに、勢子の直接の子孫でなくても、事情は同じだった。ただ堀之内村に住んでいるというだけで、祠に近づくと祟られるのだった。

例えば、かつてこんなことがあった。

ある時、堀之内村へ出稼ぎに来ている者が、村民の一人から代参を頼まれて、稲荷祠へ向かった。ところが、途中で鼻血が止まらなくなり、祠まで至りつけずに早々に引き返したという。

何百年も前に退治されたにもかかわらず、その霊がいまだにこれだけ凄まじい祟りを為すというのだから、聞きしに勝る悪狐である。

◎墓石を磨く男女――「甲子夜話続篇」巻之五十五

近頃、寺院の墓地に現れては他人の墓石を磨きたてる妖しい者がたびたび目撃されて、巷の噂になっている。

過日も、某夫妻が墓参に行ったところ、白衣僧形の見知らぬ男が夫妻の家の墓石を磨いていた。

夫の方が、

「何かのお間違いではございませんか。それはうちの墓石です」

と声を掛けると、

男は、

「磨きたいから磨いておるのだ。お前たちにとやかく言われる筋合いはない」

と無礼千万な返答をした。

これには夫婦もさすがに気を悪くして、きつい調子で咎めたところ、男の姿はふっとかき消えた。

胸騒ぎがした夫婦は急いで帰宅し、留守番をさせていた七歳の娘の様子を見に行った。

すると娘は、人妻のように眉を落とし、鉄漿《かね》を付けた姿で座っていた。驚いてすぐさま水で

洗ったが、歯は元のように白くはならなかった。夫婦は、

「あのときのあやかしの返報に違いない」

と恐れおののいた。

ちなみに、それからしばらくの後、別の社寺でも怪事が起こった。

殿舎の四隅に置かれた狐の石像のうち、三つを何者かが丹念に磨き上げていた。疵が残っていないところを見ると、砥石ではなく、ささらのようなもので丹念に磨いたらしい。

しかも、残りの一匹は全く磨かれておらず、その代わり、片方の目には朱、もう片方には金が入れられていたのも面妖だった。

この色の違いに特別な意味があるのか、あるいは何かの儀式を途中で放棄したものか、皆目分からなかった。

◎狐と砲術――「甲子夜話続篇」巻之六十三

ある藩の砲術家が、今般、殿様から下屋敷を拝領し、裏山で早速、砲術の技をあれこれ試し始めた。

すると数日後、柿色の衣をまとった翁がふっと現れ、砲術家に告げた。

「わしはこの地に長く住んでおる者じゃが、近頃、お前さんが砲場を設けたために、昼夜、物騒でかなわぬ。このままでは命がいくつあっても足りん。すまぬが、砲場を他所へ移してくれ」

そう言うと、翁は持っていた真っ赤な鬼灯《ほおずき》の一枝を砲術家へ手渡し、たちまち姿を消してしまった。

裏山には昔から狐穴があったから、翁はそこに棲む老狐の化身だったに違いない。

そこで、砲術家は言う通りにしてやった。

するとその後は、特段の怪異も起こらなかったという。

◎狐の土産――「甲子夜話続篇」巻之六十六

ある町に、時鐘《ときがね》を撞くのを仕事にする男がいた。

いつの頃からか、男の住む小屋に狐が来るようになった。

狐は男をちっとも怖がらず、懐《なつ》いて度々やって来た。純白の狐だった。

ただ、その狐は、一匹で来ることはなかった。常に何十という狐たちが侍従していた。

白狐は男へ遠い往事を物語り、世上に異変が起こらんとする時は、必ず前もって告げた。

白狐は男の膝の上に乗ることもあったが、大きさの割にひどく重いことに男は毎度驚かされた。

ただ、誰か他の人間が来ると、信じられないほどの素早さで身を隠したので、男以外にそのを見た者はなかった。また、時々は、土産に菓子を持参することがあった。城下の老舗の品だった。

男が、

「俺のためにわざわざ持って来てくれるのは有難いが、まさか盗んでいるのではあるまいな」

と思い切って訊ねてみたところ、狐は、

「人の姿に化けて、店でちゃんと購っているから心配するな」

と答えた。

ちなみに、狐の持参する菓子の袋が土で汚れていることがままあった。どうやら咥えて運んでくる時、地面に擦れて土が付いたらしかった。

◎**老女の耳**――「甲子夜話続篇」巻之七十

七十過ぎの老女が狐に憑かれた。

老女は元々耳が不自由であったのに、狐の霊が体内にいる間は、普通に他人と話が出来たし、囁き声も精確に聞き取れた。

ところが、狐が落ちてしまうと、聴力は再び失われてしまった。

奇妙なことである。

◎狐と蛸――「甲子夜話三篇」巻之九

ある村の波打ち際には、決まって同じ狐が現れて、小蟹を漁《あさ》って喰っていた。

某年二月、ひとりの農夫が田畠の肥やしにする海藻を採ろうと海辺へ向かった。

途中、麦畠をふと見やると、荒らされた跡がある。

急いで駆けつけると、乱れて倒れた麦を下敷きにして、例の狐と大蛸が共に死んでいた。

農夫は怪しんで、他の者にも知らせた。

その場の様子を見て、ある者の言うには、

「狐はいつもの様に水辺で蟹を探すうち、たまたまこの蛸を見つけて、喰らいついたのだろう。勿論、蛸も負けちゃいない。八本の足で絡みついて、狐の身体をぐいぐい締めにかかった。狐は引き剥がそうと、転げ回って暴れる。双方はもみ合ううちに畠へなだれ込み、さんざん暴れて麦をなぎ倒した後、力尽きて此処で死んだのに違いない」

◎**上州おさき狐のこと**――「梅翁随筆」巻之一

上州にはおさき狐という獣がいて、特定の家筋の者に憑く。何があっても離れることがない。それ故、この地方では、縁組の際、相手の家が狐筋ではないかどうか、しつこく吟味する。ただし、たとえ血筋ではなくても、その家の家財道具を貰い受けたりすると、その家へもおさき狐が付き添って来る。

毎日、望む食事を与えておけば当座は害はないが、怠ると辺りを喰い散らす。それでも怒りが収まらないと様々に仇《あだ》をなし、しまいにはその者の腹中へ入り、中から喰い殺すのだという。ところが……。

そうした筋の家の者でも、江戸へ上るとおさき狐は離れ、つきまとわれることは一切なくなる。

それは、関八州の司《つかさ》・王子稲荷が鎮座するからだと言われている。

◎**狐取《きつねとり》の男**――「寐ものがたり」

下総国佐倉に、狐取の男がいた。化かされたふりをして逆に狐を騙し、捕らえて殺すのだった。

例えば過日は、こんな手口だった。

まずは、狐の大好物のごまめを煮て携行し、道を歩きながら少しずつ撒き散らす。そして、狐が出やすいようにわざと物寂しい場所まで行くと、急にきょろきょろ辺りを見回しながら、独りごとを言う。

「土産の鰻を一緒に喰おうと思ったのに、嬶《かか》はまだ戻って来《こ》んな。いったいどこまで行ったんじゃ。ええい、もう待てん。わし独りで先に喰いにかかろう」

そう言いながら鰻の串を取り出し、ごまめをまたぞろ撒き散らすと、美味《うま》そうな匂いがそこらに漂って、狐はもう我慢が出来ない。

物陰から姿を現し、そろりそろりと男へ近づいたかと思うと、男の頭上を三度ほど跳び越える。普通の人間なら、こうされると術にかかってしまうのだ。

ところが、男はそれを予期しているから術にはかからない。ただし、かかったふりをする。狐を見て、

「おお、嬶、やっと戻ったか。えらく手間取ったたな。さあ、お前の鰻じゃ、喰え喰え」

と言って串を差し出す。

狐が、

「しめしめ。まんまと術にかかって、こちらのことを嬶だと思っておるわ。馬鹿な奴め」

と思いながら更に近づいて来たところを、素早く捕らえるのだった。

男はこうやって、何百という狐を捕り殺した。

さて、その後、男の噂がどう伝わったものか、ある時などは、某藩の江戸下屋敷へも招かれた。狐取の腕を見込まれてのご指名であった。

先方の話に拠れば、先日、この屋敷に勤める医師が、狐に化かされた挙句に庭先で死んだので、そのかたき討ちをして欲しいのだという。

男は早速、江戸へ入ったが、例の下屋敷へは直ぐには行かず、最寄りの稲荷社へ参詣した。そして、社殿の前でこう言いのけた。

「これから、悪さをした狐を懲らしめに参ります。下手に巻き込まれては気の毒なので、あなたに仕えているお行儀の良いお狐様を、当分の間、外へお出しにならんように願います」

実に大胆不敵な男である。

◎**狐の落とし方**――「寐ものがたり」

ある時、青吉という男に狐が憑いた。

少々頭の弱い友人二人が見かねて、狐落としをかって出た。

妙案や妙薬があるわけではない。

大きな桶いっぱいに水を張ると、青吉の頭を二人で押さえつけて、水へ沈めた。

当然、青吉は苦しいから、もがき暴れる。

側で見ていた者が心配になって、

「こんなことをしたら、死んじゃうよ」

と言ったが、二人は、

「ああ、死ぬなら死ねばいいさ」

と、一向に気にしない。

本当に死んでしまうという一歩手前でかろうじて引き上げ、青吉がようやく息をつくと、すぐにまた沈めた。

これを何度か繰り返したところ、よほど苦しかったとみえて、青吉は異様な力で二人の手を引き剥がしたかと思うと、辺りを転げ回った。

と、その途端、狐は落ちたという。

ある所に鳶《とび》の者がいた。

狐が憑いた者がその姿を目にした途端、必ずや震え上がって怖気づいた。

これが評判になり、狐に憑かれた者が狂乱して手がつけられなくなると、この男にお呼びがかかった。

男が部屋へ入ると、さっきまで絶叫して暴れ回っていた者が、急に押し黙って静かになった。

不思議に思った家人が、男が帰った後、狐の霊に理由を訊いてみた。

すると、答えて言うには、

「なにもあの男が怖いのではない。あの男の背の、文覚上人の彫り物が怖いのだ。昔、那智の滝で荒行をする上人を間近で見たが、その姿の凄まじかったこと。いま思い出しても身震いがする。

だから、あれは男の背の彫り物であって上人の実物ではないと分かってはいるのに、やはり怖いのだ」

たぬき――狸

◎縁の下の女――「梅翁随筆」巻之一

神田明神下の隠居所に仕える下女が、某年八月、行方知れずになった。方々捜したが、どうしても見つからなかった。

そして同年十一月。

隠居所の縁の下から手を伸ばし、貝殻で水を掬って呑む怪しい者が目撃された。捕まえようとすると、素早く奥へ逃げ込んでしまう。

無論、放ってはおけないので役人へ届け、人を入らせて探らせたところ、縁の下の隅に何者かが身体を丸めて潜んでいる。

引きずり出してみると、八月来、行方の分からなかった下女だった。髪は乱れ、土まみれで、ひどく憔悴していた。

仔細を訊ねたが、話が要領を得ない。言葉もしどろもどろで、朦朧《もうろう》としていた。切れ切れに話すことをつなげると、概ねこんな具合だった。

「若衆三人が仕えてくれているから、毎日が愉しい。好物ばかりを運んで来てくれるから、食べ物にも不自由していない」

役人は早速実家へ知らせ、下女を家族へ引き取らせた。

その後、ほどなく下女は死んだ。

この屋敷には狸が多い。狸に化かされた挙句に命を落としたものと思われる。

屋敷の者が改めて思い起こせば、置いてあった食べ物がいつの間にか消え失せ、皆で首をかしげたことが何度かあった。狸が盗み、縁の下の女へ喰わせていたのだろう。

この事件の後、

「次に狸に魅入られるのは私かもしれない」

と恐慌をきたし、暇を願い出る女たちが後を絶たなかった。

屋敷では種々の祈祷もおこなわれたそうだが、効験のほどはよく分からない。

◎**狐狸の書画**——「三養雑記」巻之一

狐狸のものしたという書画を今まで数点、目にしたことがある。

総じて、狐が書、狸が画に偏しているのは、誠に面白い。

◎心中した狸――「想山著聞奇集」巻之五

尾張国熱田荘に住む百姓の娘に文《ふみ》という者がいた。

淫蕩な女で、大勢の男と関係を持ったが、髪結の某とは特に深くなじみ、ある時、二人で心中を誓い合った。

おちあう時間と場所を決めて一旦は別れたが、家に帰って少し冷静になってみると、男の決心は鈍った。

「とはいえ、約束をすっぽかすわけにもゆかぬ。とりあえずおちあって、もう一度話しあってみよう」

と心に決めて出かけてみたが、約束の刻限になっても、打ち合わせた場所に文は現れない。その後ずいぶん待ったがそれでも来ないので、何か不都合が起きたのかと気になって、文の家を訪ねてみた。

すると家族が言うには、真夜中を過ぎたころから姿が見えないので、先刻から皆で手分けして捜しているとのことだった。

男は不審に思いながらも、ひとまず自分の家へ戻った。

さて、肝心の文はというと、実は約束の刻限よりも少し前に、言い合わせていた秋葉の森へ

「想山著聞奇集」より
狸の心中

出向いていた。

すると、男はすでに待っていて、

「ここはよして、別の場所に行こう」

と文を引っ張って行った。

ずんずん進んで、いつくしが森という物寂しいところまで来たころには、夜明け近くになっていた。

道端には榎の大木が生えていて、地面から六尺ほどの高さのところには、五つか六つに分かれた枝が伸びていた。

男は腰帯をその枝にかけ、一方の端を己の首にくくり、もう片方の端は女の首にくった。

こうやって、二人同時に首をくくって死ぬ算段であった。

けれども、当てが外れた。

というのも、男の身体が至って軽かったので木の股まで吊り上がった。他方、女は己の相応の体重の故に下へさがり、足先が地面へかろうじて届くという状態でゆらゆらしていた。上の男のことは分からねども、少なくとも文は死ぬに死ねないまま、時だけが過ぎていった。

やがて夜が明けると、早起きの者がたまたま通りかかり、この奇怪な光景を目の当たりにした。

下にいるのは人間の女だったが、上の方に吊り下っているのは、猫ほどの大きさの小狸であった。人よりもずいぶん身体が軽いから、つるべの要領で上へ引き上げられ、木の股に首が挟まって縊死したのであった。

文は助け出されたが、この一件以来、気がふれてしまった。

また、髪結の男も、顛末を聞いて以降、いささか正気を失ったという。

◎**なぜ見破れたか**――「**猿著聞集**」**巻之三**

昔、一人の侍が夜の山道を往くと、少し先に夜目にも容色端麗な若い女が、美しい着物に身を包んで立っていた。

差し招かれるままに近づいてみると、女は、

「わたくしの家はすぐ近くでございます。何卒お立ち寄り下さいませ」

と婉然と微笑む。

侍は導かれるまま、しばらく付いて行ったが、途中で女の手を取って引き寄せると、いきなり抜刀して女を刺し貫いた。

女は、ひと声、

「はっ」

と言ってそばの松樹の根元に倒れ伏し、そのまま絶命した。

侍は血まみれの刀を数度叢へ差し込んで血を拭い、鞘へ収めると、何事もなかったように麓の村へ戻った。

翌朝、侍が昨夜の出来事を語ると、村人たちは、

「なんと惨《むご》いことを……」

と驚愕して、急ぎその場所まで行ってみた。

一緒に来ていた侍が、

「ほれ、あそこだ」

と指さすから見ると、死んでいたのは美女ではなく、毛の長い古狸であった。

村人たちはおそるおそる侍に訊ねた。

「お侍様のなさることですから万事まちがいなどあろうはずもございませぬが、斬りなさる時、『よもや本当に人間の娘ではあるまいな』などとお疑いにはならなかったのですか」

するると、侍は、

「山中の暗闇で遠くに立ちながら、女の美しい顔立ちは勿論、着物の色柄まで鮮やかに見えたのだ。あれを妖しいと言わずして、何を妖しいというのだ。さればこそ仕留めたのだ」

とからから笑った。

◎**古い堂の怪異**——「**古今著聞集**」**巻第十七**

齋藤某という侍が丹波国へ下向した折のこと。

狩りをするうちに日が暮れたので、たまたま目に入った古い堂で一夜を過ごそうとした。

これを知った村の者は、

「あそこには化け物が出ます。およしなさい」

と止めたが、某は聞き流して、堂に泊まった。

その夜は雪が降り、風も強かった。

某が柱に寄りかかって座っていると、庭の方で不気味な気配がある。

破れた明障子のすき間から覗いて見れば、堂の軒に達するほどの黒い大入道が、雪の白く降り積もった庭を歩み、こちらへ近づいて来ているではないか。

そうこうするうち、障子の破れた穴から、毛むくじゃらの意外に細い腕がにゅっと伸びてきて、中にいた某の顔をぞろりと撫でた。

某がはっと身構えると、その気配を察したのか、細腕はいったん引っ込んだ。

その後、某が穴を見つめて待っていると、また細腕が伸びてきた。

その刹那、某は細腕をむんずと掴んで、ぐいと引いた。

向こうも抵抗したが、某は剛の者で並大抵の力ではない。腕を掴んだまま、相手を障子ごと、外の縁側へ押し倒した。

障子を隔てて組み敷いてみると、先ほどはあれほど大きく見えたのに、今は妙に小さい。掴んだ腕も、益々細くなっていく。

逃すまじとしっかり押さえ込んでいると、障子の下で、ききと細い声を上げて鳴き始めた。

そこで、下人に明かりを持たせてよく確かめてみれば、大入道にあらず、古狸であった。

「夜が明けたら、村人たちに見せてやろう」

と思った某は、狸を下人へ預けて、寝た。

翌朝。

某が狸を連れて来るように言うと、下人が頭を掻いている。

聞けば、なんと昨夜のうちに、焼いて喰ってしまったという。

仕方がないので、某は残っていた頭を村人たちへ示し、

「これが化け物の正体だった」

と告げてやった。

勿論、この後、堂の怪異はなくなった。

◎**飛礫《つぶて》の謎**――「古今著聞集」巻第十七

いつの頃からか、三条の前《さき》の右大臣邸に、怪しい飛礫が投げつけられるようになった。誰も仕業かは分からない。

次第に頻度が増し、いまや毎夜の出来事となった。しかも、投げつけられる量も増え、一夜で盥《たらい》一杯ということも珍しくなかった。

更に不可思議だったのは、飛礫は確かに蔀《しとみ》や遣戸《やりど》を突き抜けたはずなのに、後に見ると、跡が残っていないことだった。

また、あれほど頻繁に大量の飛礫が飛来するのに、誰かに当たって怪我をするようなことがないのも、奇妙だった。

皆が困り果てていたところ、ひとりの田舎侍が、

「俺が解決してやろう。お安い御用だ。誰か、すまぬがどこぞの店で狸を都合してきてくれ。それから、酒も頼む」

と自信たっぷりに言い出した。

皆は半信半疑で、言われるがままに手配をした。

一方、侍は東の庭に畳を敷き詰め、篝火を赤々と焚き、その場で狸をさまざまに調理して膳を拵え、仲間と酒宴を催した。

そして、酒を喰らいながら、聞こえよがしに叫んだことには、

「お前ら狸ふぜいが、右大臣様のお屋敷で狼藉を働きおって、けしからぬ限りだ。そうした不届き者は、ほれ、この通り、片っ端から喰ってやるぞ」

侍はこう言いつつ、肉を齧り取った骨を近所の古寺の築地塀の上へ放り投げたりして、さんざんに飲み食いした。

この夜を境に、屋敷の飛礫はぴたりと止んだ。

聞くところによると、信州の山村では、田畑のそばに狸の死骸をわざと放置する。一種の見せしめである。そうすることで、他の狸たちが田畑を荒らすのを防ぐのだという。

このたびの田舎侍の振る舞いも、きっと同じ理屈であろう。

◎何に化けるか――「楽郊紀聞」巻之九

世人が言うには、

「狐は変幻自在で何にでも化ける。それに引き換え、狸は山伏か砧《きぬた》に化け、往来の人の足元を転げ廻って悪さをするのが関の山だよ」

◎狸の玉――「日本書紀」巻第六

垂仁天皇八十七年春二月。

丹波国のある者の飼い犬が、山で狸を喰い殺した。するとと、腹の中から大きな勾玉が出て来たので、帝へ献上した。

玉は今、石上神宮にある。

◎狸と狐――「嗚呼矣草」巻之四

狐は百里に満たない狭い地には棲まないらしい。だから佐渡には狐はいない。

その代わりというわけでもなかろうが、ここには奇怪な狸の首領がいて、源内狸《げんないだぬき》と呼ばれている。

源内狸は高さ数丈もある巨石に己の霊力を託す。これにより、巨石は人間の吉凶を事前に知り、これを告げるのだという。

また、土地の者は、願い事がある時、この巨石に念じると、大いに効験があるのだとか。

◎**陸奥国の狸**——「日本書紀」巻第二十二

推古天皇三十五年(627)春二月、陸奥国の一匹の狸が突如、人間に化け、歌をうたった。

◎**老女の変貌**——「兎園小説拾遺」第二

文政年間(1818–30)の出来事。

某家に長らく仕える老女がいた。身よりもないので、主人が憐れみ、家に住まわせてやっていた。

ある年の三月中旬。

老女はにわかに昏倒し、しばらく息が止まった。

しばらくすると意識が戻ったが、以来、身体が少し不自由になり、異様な大食になった。

食事どきには今までの何倍も喰い、合間には餅菓子までせがむ。食べていない姿を見ないほどだった。

「七十を過ぎた婆さんが、こんなに喰うものかね」

と周囲の者は訝しがったが、とりあえず好きにさせておいた。

老女は、夜毎、寝床で楽しげに歌をうたった。

ある時には、

「おお、あんた、よく来てくれたねえ」

と声を上げ、誰かとずっと話し込んでいる様子だった。

またある時は、老女の部屋から、囃し立てて拍子をとる声が聞こえてきたりした。

酔いつぶれたように熟睡して、日が高くなっても起きないこともあった。

こうなると主人も怪しみ、知り合いの医者を呼んで診てもらった。

医者は脈をとった後、

「これはこれは……」

と唸って、考え込んでいた。

主人が訊ねると、

「この御方には脈があるにはあるが、普通の人間の脈とは思えぬ。心気が失われておる。奇怪至極じゃ」

以後も時々は来診したが、お手上げのようだった。

数か月経っても、老女の奇行はやまなかった。

ところで、老女の世話係は主人の命で下女が務めていたが、その年の冬ごろになると、下女は奇妙なことに気づいた。老女を着替えさせ、脱いだ着物を片付けながらふと見ると、あちこちに獣の毛が付着しているのである。

また、老女からは、すさまじい体臭がするようになった。

更には、どこから来たものか、数匹の狸が老女の枕元を徘徊していることもあった。

夜になると、老女の部屋からは狸囃子が聞こえ、老女の憑かれたような歌声と踊り狂う足音が外まで響いてきた。

さて、ある朝のこと。

老女の枕元には、柿が山積みになっていた。

下女が驚いて訊ねると、

「友だちが持って来たんだよ。私の面倒をよくみてくれるお礼に、この家の人たちへ渡してくれってさ」

ただ、気味悪がって誰も口にしなかったが……。

また、別の日には切り餅が山と積まれていた。それも狸からの贈り物なのだろう。

家人たちは、

「老女が世話になっているお礼に、狸たちがせっせと運んで来たんだねえ。畜生でも恩返しを忘れないなんて、殊勝なもんだ」

と、もはや気味悪がるのを通りこえて、感心したりしていた。

また、ある日の夕方、下女が老女の部屋で立ちまわっていると、赤い火の玉が現れ、寝ている老女の頭の辺りを鞠《まり》のように跳ね回った。

下女がおそるおそる手を伸ばして触れようとしたら、火の玉はふっと消えてしまった。

翌日、老女にそのことを訊ねてみたら、

「昨日の晩は女友達が来て、鞠つきをしていたのさ」

と答えた。

やがて老女は歌まで詠《よ》むようになった。紙筆を請うから訝しがりながらも与えたところ、

「朝顔の朝は色よく咲きぬれど夕は尽きるものとこそ知れ」

と見事に書き記した。

元々、老女は無筆で、和歌など嗜《たしな》むはずもないのに、なんとも不思議であった。

やがて、喰う量がさらに増した。

三度の食事ごとに飯を八、九杯喰い、その間に団子を五、六本、焼餅を二、三十個平らげた。あれだけ食べて全く平気とは信じがたいことだった。

その後、老女の部屋に突如、光明赫赫《かくかく》、紫雲が巻き起こり、阿弥陀如来が来迎し、老女の手を引いて共に虚空へ消えて行った。

見ていた下女は、慌てて主人夫婦を呼びに行った。

主人夫婦が部屋へ来ると、下女の言葉とは裏腹に、老女は臥せったままだった。

とその時、どこからか年経った狸が現れ、老女の周囲を何度か駆け回った挙句、閉まった戸をふっと抜けて、消え去った。

よく見れば老女は事切れていた。

思えば、老女が最初に頓死した折、その亡骸へ古狸の霊が入りこんだのだろう。

◎狸の復讐――「谷の響き」五之巻

権八という男が、あるところで狸を見つけ、捕まえようと躍起になって追い廻した。さんざんに追いかけたが、すんでのところで逃げられてしまった。

くやしがりながらの帰り道、林の中で柳の古木を見つけた。しかもその根元には、珍しい柳茸がたくさん生えていた。

「こりゃぁ、ついているぞ」

と喜び、籠いっぱい採って帰って妻子に喰わせた。

翌日、また欲しくなって昨日の場所へ出かけたが、柳茸はおろか古木すら見つからない。不審がるうち、昨日の狸のことが頭に浮かび、背負っていた籠を揺すってみたところ、転がり出て来た茸は柳茸ではなく、毒茸であった。

「さてはあの狸にしてやられた。皆は無事だろうか……」

とすっ飛んで帰ってみたところ、家族は毒が回って七転八倒し、隣人たちが薬よ水よと大騒ぎで介抱してくれている最中だった。

色々手を尽くした甲斐あって、命には別条がなかったが、手ひどい復讐であった。

◎振袖の老女──「耳嚢」巻之八

牛込に住む宗左衛門という御番衆が、ある夜、文机で書きものをしていると、縁側へ来る者があった。

見れば、六十を過ぎたと思われる老女が、白無垢に身を包み、髪を振り乱した異形の姿で平伏していた。

「そなたは何者で、何用あって、ここへ参ったのか」

と訊ねると、老女が言うには、

「私は今まで、歴代のご当主がたの前にもこうして現れ、お願いの筋を聞いて頂こうとしたのですが、何れの方々も恐れてばかりでいらしたので、話を切り出せませんでした。幸い、あなた様は剛毅で、きちんとお訊ね下さいましたので、ようやくのことでお話し申し上げます。

さて私は、ご当家五代以前の奥向きで腰元としてご奉公致しておりましたが、当時のご当主様のお怒りにふれ、お手討ちに遭った上、裏山へ埋められてしまいました。弔いもなかったので成仏もかなわず、今日もなお、こうして彷徨《さまよ》い続けております。お願いですから、供養の法会を営んで頂きますよう……」

これを聞いた宗左衛門は、

「そのようなことが本当にあったかなかったか、わしには分からぬが、それよりも解せぬことがひとつある。斬られた時、そちはまだ若かったであろうから、振袖を着ていてもおかしくはない。しかし、振袖を着た若い女が死に、幾年を経たからといって、老いて婆になろうとは笑止千万」

と言うが早いか、いきなり抜刀して斬りつけた。

老婆は、

「わっ」

と叫んで、姿を消した。

物音を聞きつけて家来たちが駆け寄って来たので、宗左衛門は、

「いましがた、曲者を斬った。血の跡を辿って追え」

と命じた。

そこで一同が捜してみると、屋敷の傍の熊笹の茂みで唸り声がする。

「ここに潜んでおったか」

と引きずり出せば、刀疵を受けた古狸であった。

◎風狸《ふうり》のこと――「耳嚢」巻之十

唐土の書物に紹介されている風狸という妖獣は、実は日本にもいる。

狸の一種かと思われるが、変わった習性がある。

どういう目利きなのかは分からないが、ともかくこの獣は野山からある特殊な草を選り出し、それを木の梢にとまる鳥にかざすのである。

すると、その鳥は、何故か前後不覚になって、地へ落ちて来る。それを襲って喰うのだという。草が樹上の鳥にいかなる作用を及ぼすのかは謎である。

ともあれ、その草をかざして鳥を狙いすましている風狸を追い散らし、草を横取りした人が木に登り、試しに梢の鳥、獣、人間などに順番に草をかざしてみたところ、残らず地に落ちたというから、不思議だ。

◎遊女屋の狸——「耳囊」巻之十

文化年間（1804–18）のこと。

吉原・佐野松という遊女屋に熱心に通う男がいた。佐野川という遊女にぞっこんのようだった。

この男が前夜にさんざん深酒をして、朝寝を決め込んだことがあった。

ところが、起こそうとそばへ寄った禿《かむろ》が、突然、わっと泣き出した。

「今昔百鬼拾遺」より
風狸

皆が驚いて理由を訊ねると、

「あのお方は人間ではございませぬ」

と言って、また泣くじゃくった。

一同が、

「どういうことだ」

と訝しがるうち、身の危険を察したのか、かの客は逃げ去ってしまった。

懸命にあとを追い、ようやく見つけて問い詰めたところ、実は狸が化けていたのだった。

これを聞いた佐野松の主人はあせった。昔話によくあるように、狐狸に化かされた者が掴まされた小判は、木の葉と相場が決まっている。

慌てて男から受け取った金子《きんす》を確かめてみたところ、正真正銘、本物だった。

安堵した主人は、

「本物の金子を気前よく使ってくれるなら、下手に盗賊が客になるより、狐狸の方がましだ」

と笑った。

◎猟師の覚悟――「宇治拾遺物語」巻第八第六話

愛宕山に長らく籠って修行に励む聖がいた。

近所に住む猟師はこの聖を心底、敬っており、日頃から食べ物を差し入れたりして、帰依していた。

ところがしばらく忙しくて顔を出せなかったので、ある日、乾飯《ほしいい》などを携えて、久しぶりに聖の房を訪ねてみた。

聖は喜んで迎えてくれた。

ひとしきり世間話が済むと、聖はにじり寄って来て、周囲を憚《はばか》るように小声で言った。

「実は近頃、この身には誠に尊いことが起きておるのだ。長年、一心に法華経を唱え続けたお蔭なのかもしれぬが、このところ毎晩の様に、普賢菩薩様が白象に乗ってお出ましになるのだよ。今宵はお前もここに留まって、わしと一緒にお姿を拝見しようではないか」

そこで、猟師は言われるがまま、その夜は房に泊まった。

ただ、まだ半信半疑だった猟師は、聖の侍童にこっそり訊ねてみた。

「聖殿はああおっしゃるのだが、本当だろうか。お前も目にしたことがあるか」

すると侍童は、

「はい、まちがいないと思います。かく申す私も、今まで、五、六度はお姿を拝んでおります」

と答えた。

これを聞いた猟師は、

「そうか、そなたも……。ならば、このわしの目にも見えるかもしれぬな」

と呟き、聖の後ろで、おとなしく来迎を待った。

さて、一同がじりじりしながら待つうち、はや夜更けも過ぎた。

とその時、急に東の山の峰から明るい月のようなものが出たかと思うと、辺りを烈風が揺るがした。そして房内へ光が射しこみ、明るくなった。見れば、普賢菩薩様がお出ましになっていた。

感極まった聖は落涙し、

「ああ、有難や有難や……。ほれ、どうだ。わしの言った通りだろうが」

と猟師に呼びかけた。

そう言われて猟師は、

「はい、確かに私の目にも見えております。尊いことです。有難いことです」

と、口では一応、返事をしながらも、胸中には別の考えが頭をもたげていた。

「聖殿は長い間、熱心に修行なされたから、普賢菩薩様のお姿がお見えになるのも、まあ、不

猟師の覚悟
「宇治拾遺物語」より

思議ではない。しかし、あの童やわしなぞは、お経の巻物の上下も分からぬ出来損ないだぞ。そんな者の目にも、これほどはっきり仏様が見えるというのは、どう考えても妙だ」

更に猟師は、

「よし、思い切って試してみよう。よかれと思ってやることだから、おそらく罰も当たるまい」

と決意して、尖《とが》り矢を弓につがえ、床に伏して拝礼している聖の頭越しに、いきなりひょうと射た。

矢は狙い通り、仏の胸板に刺さったとみえて、手応えがあった。

途端に光は失せ、辺りは暗くなった。と同時に、何ものかが大きな音を轟かせながら谷の方へ去って行った。

聖は、

「なんということをしてくれたのだ。気でも狂ったか」

と責め立てたが、猟師は、

「聖様は修行三昧の尊いお人だが、わしは違う。日々、獣の血に手を染めております。そんな罪深いわしにまで仏様が見えるだなんて、おかしな話だ。それに、あれが本当の仏様なら、わしの矢が突き立つはずもないでしょう。どう考えても怪しい」

と言って、取り合わなかった。

さて……。

一夜明けて、残っていた血の跡を辿って行くと、一町ばかり先の谷の底で、大きな狸が胸を尖り矢で射抜かれて死んでいた。

聖は確かに修行はしているが無智であったので、まんまと化かされてしまった。一方、猟師は俗人だが、思慮深さの故に、狸の術を見破ることが出来たのだった。

◎**狸の手**――「宿直草」巻三之三

ある侍の妻女が、夜中に雪隠で用を足していると、下から毛むくじゃらの怪しげな手が伸びてきて、尻をまさぐった。

早速、夫の耳へ入れたところ、

「狐か何かが悪さをしているんだろう。心してかかれよ」

と言うので、意を決した奥方は、小ぶりの守り刀を衣の下に隠して雪隠へ赴き、またぞろ伸びて来た手を刀で薙ぎ払った。

その折、斬られ飛んだものをみれば、獣の前足の先だった。

その翌晩、妻戸を叩く者があった。

「何者ぞ」

と問うと、

「実は昨夜、手を斬られました狸でございます。つまらぬ悪戯を仕掛けました罰で、このような仕儀と相成りました。お腹立ちはごもっともながら、どうぞ手をお返し下さいませ」

と哀願の声がする。

主人はこれを聞き、

「おのれ畜生の分際で人間に狼藉を働くとは言語道断、手を返す訳にはゆかぬ。それに、万一、返したとて、一度斬り離された手なぞ、何の役にも立つまい。命ばかりは助けてやるほどに、とっとと失せるがよい」

と言い放ったが、狸は諦めず、

「いえいえ、そこをなんとかお願い致します。手をお戻し下さいましたら、こちらには手を継ぐ妙薬がございますので……」

と食い下がった。

そこで、主人が、

「ならば、その妙薬の調合法を聞かせてくれ。さすれば、手は返してやろう」

と言うと、狸は薬の作り方を教えてくれた。主人は約束通り、手を返してやった。

以来、妙薬の調剤法はこの家に代々伝えられている。よく効くと評判である。

◎狸の味――「翁草」巻之百七十二

狸を一匹入手したので、早速、狸汁にして、友人たちと食べてみた。

皆、初めて食べる者ばかりだったので、おっかなびっくり箸をつけたが、臭いがひどく、味を云々するどころではない。多くの者は耐え切れず、鼻を覆って、次々、吐き出してしまった。

ところが、中には変わり者がいて、盛んに肉を噛み齧り汁を啜り、なんと三杯もお代わりをした。

「おいおい、どうせ食べるなら、もう少しゆっくり味わって食べたらどうだ」

と声をかけると、

「ちっとも味がしないから、とりあえず腹へ流し込んでいるのだ」

と応える。

「それでは、鼻を覆っている連中と大して変わらないではないか」

と言って、皆で大笑いした。

ちなみに、狸の頭を焼き、その灰を飲ませれば、失神した者は正気づくという。

◎狸を生んだ女――「藤岡屋日記」巻九

天保四年(1833)のことである。

越後国の百姓・長助の娘てう(十七歳)の密通が両親の知るところとなり、怒った両親は娘を縛り上げて座敷へ放り込んだ。ところがすでに懐妊しており、三月二十一日に子を産んだ。ところが、生まれてきたのは赤子ではなく狸であったので、家族は仰天し、すぐさま打ち殺した。

長助夫婦が、娘の密通の相手である岩太郎(二十四歳)の実家へその旨を糾したところ、岩太郎の父・重蔵の言うには、二十日の夜中に家出して、行方が分からぬということであった。

この一件はたちまち人々の知るところとなり、

「子が狸であったのなら、父たる岩太郎の正体も狸であったに違いない」

という風説が近郷近在に乱れ飛んだ。

おかげで、長助はもちろん重蔵までも好奇の目に晒《さら》されて深く恥じ入り、家から外へ出られ

「宿直草」より
狸の腹鼓も
偽りならぬ事

ない有様であったという。

◎**狸の祝言《しゅうげん》——「諸国百物語」巻四之十六**

丹波亀山の百姓某には四人の娘がいた。上の三人はすでに縁づき、このたび末娘も隣村の豪農の息子との縁組が決まり、祝言の日取りも定まった。

ところが……。

その日の二、三日前、仲人が急にやって来て、

「えらいことになりました。先様にどうともし難い事情が出来たとかで、祝言を一日繰り上げて頂けまいかとのお申し出がございました。いかが取り計らいましょうや」

と言ってよこした。

無論、某一家は当惑したけれど、致し方なしと承知した。仲人は安堵して帰って行った。

さて、その祝言当日。

某の家では準備万端整えて、婿殿の到来を待っていた。

やがて仲人に引き連れられて、婿殿やその家族親族がぞろぞろやって来た。進物もどっさり持参し、某の家の座敷に所狭しと並べて、いよいよ祝宴の始まりとなった。

ところで某の長女夫婦は遠方に住まいしていたので、図らずも宴に遅参してしまった。用心深い夫婦で、途中でどんな物の怪に遭うやもしれぬと、普段から、夜道を歩く時には、必ず卒塔婆の杖（経文を書き連ねた六角棒）をついて出掛けた。この夜も当然、そうしていた。

ともあれ、遅れて来た二人は、まずは婿殿のお顔を拝見しようと、裏へ廻って窓のそばへ立った。そして姉が、杖でそっと簾を持ち上げて中を覗き込んで、びっくり。座敷で酒盛りをしているのは、毛の禿げた古狸どもではないか。また、座敷に並ぶのは豪華な進物ではなく、牛や馬の骨くずであった。

見間違いかと思い、自分の亭主を呼び寄せ、中を見てもらうと、亭主は、

「何を言う。婿殿とご家族がちゃんとおられるではないか。そばには、豪勢な進物もたくさん並んでおるぞ」

と言う。

長女はしばらく考えて、はっと心づき、今度は先ほどの様に杖で簾を持ち上げ、そのすき間から亭主に覗いてもらった。

すると今度は、亭主の目にも、妻が言う通りの光景がまざまざと見えた。

姉夫婦は密かに他の夫婦にも声をかけ、事の次第を話して、この後の段取りを打ち合わせた。

さて、中の者に気づかれぬように門戸を閉め、窓や縁の下を塞ぎ固めた一同は、素知らぬ顔で座敷へ入った。

そして、笑顔で婿殿のそばへ近づき、

「お盃を頂戴したい」

と言葉をかけた。

そして、言われた婿殿が、

「されば」

と腕を伸ばしたところをむんずと掴み、

「不届きな奴らめ」

と言って、取り押さえた。

事情を知らぬ座敷の人たちが、

「何をなさる」

と驚くうちに、かねて打ち合わせていた者たちが脇差を抜き、客人たちを次々に刺し殺した。

無論、宴席の某の家族・親族からすれば狂気の沙汰に思えたが、斬り殺され刺し殺された者が、みるみる古狸の本性を顕《あらわ》すのを目の当たりにして、ようやく得心した。

「諸国百物語」より
狸の祝言

こうして一夜のうちに、なんとか怪事は収まり、当初予定されていた日には本物の婿殿をお迎えして、祝言は滞りなく行われたという。

◎焼石に狸——「諸国百物語」巻五之八

東近江の山奥に惣堂《そうどう》があり、一人の僧が暮らしていた。

僧は用事で時々村へ出掛けるので、狸はその留守を狙って堂へ入り、僧の食い物を失敬するのが常であった。

ある日、僧は比叡の横川からの帰り道、色・形が餅そっくりの石を見つけ、堂へ持ち帰った。

そして、まるでそれが餅であるかのように炉で焼きながら、狸の出現を待った。

しばらくすると、狸がのこのこ現れた。図々しくも食べ物の在処を探し回っている。

そこで僧は、

「盗みは罪だぞ。ただ、もしも今後、お前が盗みを止めるというなら、褒美にこの餅を喰ってもよいぞ」

と言いながら、焼けた石を火箸で炉から挟み上げ、土間へ放り投げた。

すると、もとより食い意地の張った狸のこと。盗みを本当にやめるかどうかはともかく、投げ捨てられたものへ素早く近づき、拾い上げて喰おうとした。が、なにせ焼けた石である。したたかに火傷した狸は、一日散に逃げ去った。

さて、その後、惣堂の本尊が時々光り輝く奇瑞が起こったので、感激した僧がますます熱心に信心していたところ、ある夜、僧の夢枕に阿弥陀如来が現れ、こう夢告した。

「いよいよ時が来た。汝は一刻も早くこの娑婆を離れよ。すぐさま火定《かじょう》をなすべし。その折には、我は西方浄土から諸尊を引き連れて、迎えに来ようぞ」

これを聞き、随喜の涙を流した僧は、早速、決意を固め、

「某月某日、愚僧は火定に入って弥陀の元へ赴く故、参詣されたし」

との触れを近隣の村々へ廻した。これを見た村人たちは、

「何と尊いことだ」

と手を合わせることしきりだった。

そうこうするうちに、火定の当日がやって来た。

堂の前では、一間四方に石垣が組まれ、中には炭や薪が山と積まれていた。その上には、すでに覚悟を決めた表情の僧が、白装束に身を固めて座っていた。

午の刻ごろになると、西の空から、阿弥陀如来が約束の通り、菩薩諸尊を引き連れて飛来し

た。妙なる音楽があたりにこだまして、仏たちはまばゆい光を放っていた。村人たちはひたすら伏し拝んだ。

僧が合図すると薪に火が放たれ、やがてその姿は紅蓮の炎に包まれて見えなくなった。

すると……。

仏たちのいる方から、急にどっと笑い声が上がった。

不審に思った一同が顔を上げて見ると、驚くなかれ、そこにいたのは沢山の狸どもであった。

皆で力を合わせて、焼石を喰わされた狸の復讐を果たしたのであった。

◎狸の書――「**義残後覚**」**巻七之十**

ある日、信州から、上臈《じょうろう》女房の行列が草津の宿に到着した。日本一の能筆家という名声を引っ提げて上洛する途中らしい。駕籠は上臈を載せたまま宿の座敷へ運び込まれた。

宿の主人は、豪勢な菓子を供して出迎えた。

絶世の美人だという噂を聞いていたので、内心、ひと目お顔を拝見したいものだと思いながら、駕籠ににじり寄って挨拶の口上を述べたところ、中から、

「しばし世話になるぞよ」

と声がして、駕籠の戸が細めに開いた。

隙間から覗くと、中には二十歳くらいの美女が座っていた。

長い黒髪はつやつやと美しく、豪華な衣裳を身にまとい、芳香が漂っていた。

宿の主人はその美貌に陶然としたが、同時に、

「こんな美しい御方に何か一筆書いて頂けたら、子々孫々までの家宝になるであろう」

との考えがふと頭に浮かび、おそるおそる上臈にお願いしてみた。

すると上臈が言うには、

「都に着くまでの道中、ただの一字も書かぬつもりでいたが、そちの志が殊勝である故、特別に何かしたためて取らそう」

主人が狂喜して料紙を駕籠へ挿し入れると、しばらくして差し戻ってきた。『伊勢物語』所収の二首が流麗な筆致で書かれていた。主人は地元の代官にまで見せて、大いに自慢した。

ところで、この宿には用心のため、大きな犬が飼われていたが、駕籠に向かって吠えかかること甚《はなは》だしい。

主人がいさめても言うことを聞かない。上臈が、

「あの犬をどこぞ遠くへやっておくれ。恐ろしくてたまらない」

とおっしゃるので、主人はすっかり恐縮して犬を追い散らした。

しかし、犬はまた戻って来て、吠え続ける。これには上臈も辟易《へきえき》したとみえて、

「あの犬が去らぬなら、妾《わらわ》が別の家へ移るほかあるまい」

とのたまうので、主人は犬を裏の藪へ連れて行き、そこへ繋いだまま置いて帰って来た。これでようやく上臈も安堵したようだった。

さて、その夜のこと。

何かまちがいがあってはいけないと考えた主人は、蝋燭を灯して寝ずの番をしていた。すると、深夜、上臈が、

「ちと所用あり」

とおっしゃって駕籠から出て、屋敷の中庭へ降りられた。

とその時、例の犬が激しく吠え始めた。

これを聞いた主人は、

「またあいつか」

と怒り、下男に、

「犬をだまらせてこい」

と命じた。

そこで下男は、裏藪の犬のところへ向かったが、途中、

「せっかくだから、噂の美女の顔を拝んでおこう」

と思って、中庭をそっと覗き込んだ。

ところが、上臈の姿はなかったので、びっくりして主人のところへ戻り、その旨を伝えた。主人は最初、

「そんな馬鹿な。夜中だから寝ぼけているのではないか」

と取り合わなかったが、下男が真剣な顔で訴えるので少し心配になり、念のため、駕籠の近くへ行って、

「いかがお過ごしでございますか。何かご用事がございましたら、いつでもお申しつけ下さい」

と声をかけてみた。しかし、返事はなかった。思い切って戸を開けてみると、駕籠の中は空だった。

そこで、座敷や中庭はもちろん、裏山なども含め、辺りをくまなく捜してみたが、上臈は見つからなかった。

そして、何かの手掛かりにならぬものかと、上臈の氏素性を改めて調べてみると、実は出身地も身分も曖昧模糊としていて、皆目分からなかった。

ある人は、

「もしや上臈の正体は狐だったのではないか。宿の犬がしきりに吠えていたと聞いたぞ。昔から、狐は犬を恐れると言うからな」

と評したが、別の人は、

「いやいや、違うぞ。狐の変化《へんげ》だったなら、あれほど見事な手蹟は残せまい」

と首を振った。

そこで、主人が改めて例の料紙を取り出してみると、あれほど見事だった文字は消えて、墨の飛沫がばらばらと散らばっているだけだった。鼠の糞を散らしたようだった。

おそらくは、狐ではなく狸の変化だったのだろう。

◎弾《だん》三郎狸のこと――「燕石雑志」巻之五（上）

佐渡国二ツ岩（或いは二ッ山）の山中には、年を経た弾三郎という狸が棲んでいた。霊威ある狸として、辺りで知らぬ者はなかった。

この古狸は、かつては人間に金を貸してくれた。

借りようとする者は、必要な額と返済の期日を書いた紙片に名を記し拇印を捺して、弾三郎が棲むという岩穴の入口に置いて、静かに去る。

そして翌朝、そこへ戻る。

もしも弾三郎が諾《だく》せば、求めた金が置いてあるという寸法だった。

ところが……。

評判が評判をよび、借りに来る者が急増すると、借りたまま返さぬ不届き者もまた増えたため、いつしか弾三郎は金貸しを止めてしまったという。

なお、弾三郎については、こんな話もある。

ある晩、この山中に住む医師のところへ、

「主人が急病で難儀しております。直ぐにお越し願いたい」

と使者が来た。駕籠を伴っての来訪で、用意周到である。病人の名に心当たりはなかったが、断るわけにもいかないので、駕籠に乗ってその邸宅まで赴き、あれこれ療治をして、また送られて家まで帰った。

それから四、五日も経った頃、あの夜の病人が見違えるように元気になって訊ねて来た。男

は、

「先生のお蔭で、命拾いを致しました。有難うございました」

と重々に謝し、

「これはほんの気持ちです」

と言いながら、法外な謝金を差し出した。

医者が驚き怪しんで言った。

「わしは確かにお前さんを療治した。ただ、そうは言っても、薬を少しばかり処方したに過ぎん。にもかかわらず、これだけの金子《きんす》を平気で出しなさるからには、お前様は隠れもなき分限者ということになる。

けれども、それほどのお人の顔も名前も、わしには心当たりがない。わしはここらに随分長く住み、大抵の者の顔と名は知っておるというのに、おかしな話だわい。そもそもお前様は何者かね」

ずばりと問われた男は、にこりと笑って応えた。

「お疑いはごもっともです。実は私は人に非ず、二ツ岩の弾三郎でございます。ただ、私の正体が狸であろうと、先生が私の命の恩人であることには変わりません。どうかこの礼金をお収

「燕石雑志」より
弾三郎狸のこと

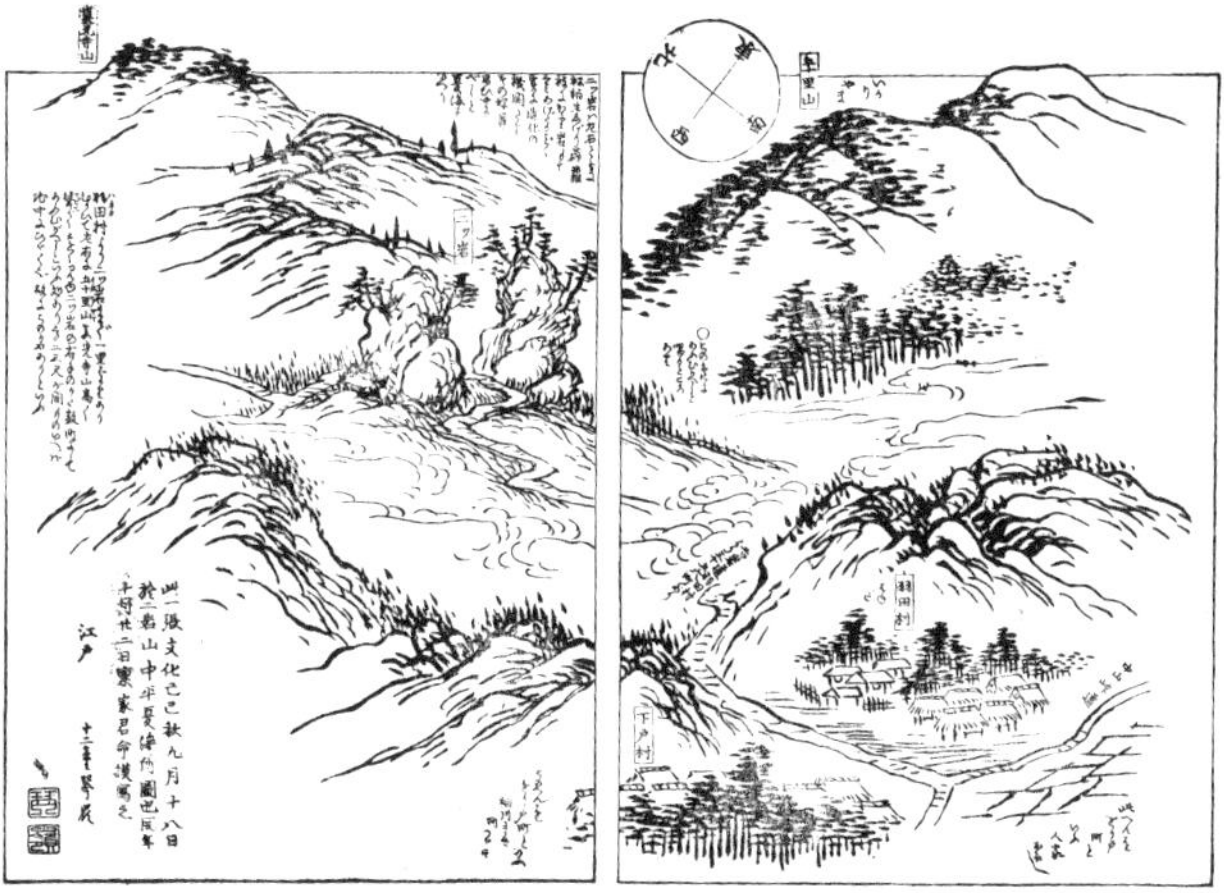

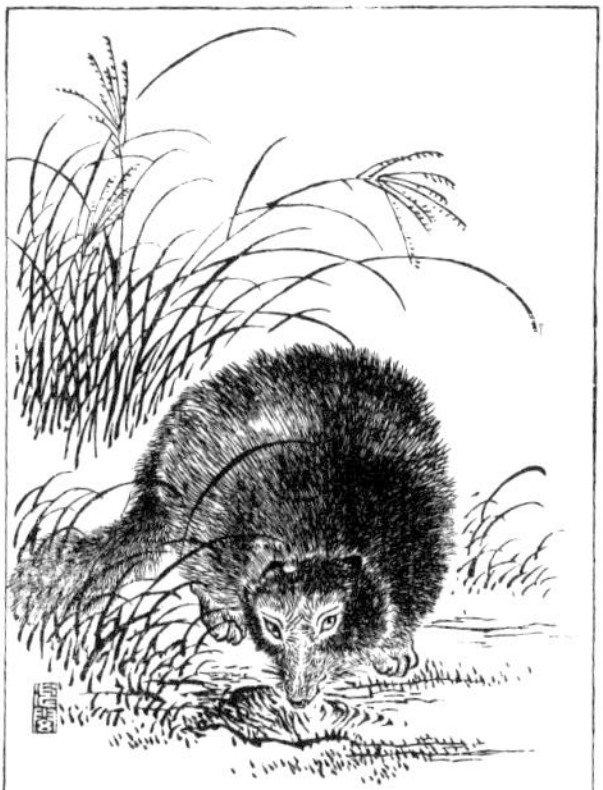

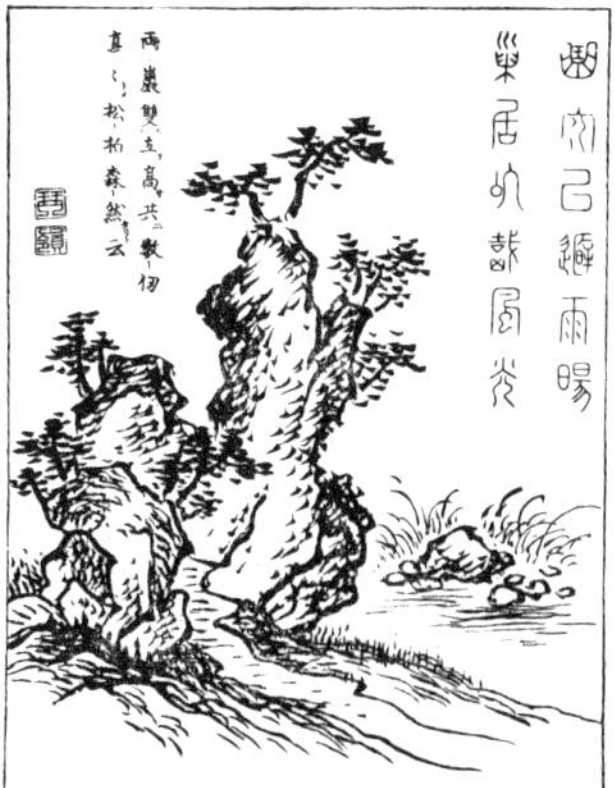

め下さい」

医者はこれを聞くと、頭を振り、

「それを聞けば、なおのこと、この金子は受け取れん。そもそも銭金《ぜにかね》というものは、人間が日々の暮らしで用いる重宝なのであって、禽獣が持っていても、本来なら何の益にもならぬはず。それをお前さんのようにしこたま貯め込んでいるからには、きっとやましい金子に違いない。そんな金は要らんぞ」

と突き返した。

すると弾三郎は、

「いえいえ、私が貯えた金は、やましいものではございません。兵火や洪水で瓦礫となり埋もれてしまった殿舎から、こつこつ拾い集めた金です。しかもその金は己の奢侈には費やさず、先生もご存じのように、困っている人たちにお貸ししている次第です。ですから、お怒りにならず、どうぞお収め下さい」

と、重ねて頼んだ。

しかし、医者は頑として受け取らない。

弾三郎はとうとう諦め、金子を引っ込めてすごすごと立ち去った。

翌日、弾三郎がまたやって来た。

今度は金子ではなく、短刀を一口《ひとくち》持って来た。そして言うことには、

「これは、かの貞宗《さだむね》作で、私が長年、秘蔵していたものです。せめてこれだけでもお受け取り下さい。命を助けて頂いて何のお礼もしなかったとあっては、いくら狸の身とは申せ、私の名が立ちませぬゆえ……」

押し付けるようにして短刀を医者に託すと、弾三郎の姿はふっとかき消えた。

以後、医者はその短刀を家宝にして、大事に子孫へ伝えたそうだ。

◎**佐渡と狐狸**──「燕石雑志」巻之五（上）

佐渡には狐がいないせいか、人に憑くのは狐ではなく、狸である。

ちなみに、八丈島には狐も狸も棲まず、人には狐狸に代わって山猫の霊が憑くという。

◎**狸の画**──「燕石雑志」巻之五（上）

昔、鎌倉から来たひとりの僧が、伊豆駿河あたりを行脚していた。

僧は画が巧みで、道中、世話になった者や宿屋の奉公人たちから請われるまま、気前よく画を描いては与えてやった。

ところが、沼津で犬に咬まれて死んでしまった。

人々が驚いて駆けつけると、死んでいたのは人間に非ず。僧に化けた狸であった。

沼津の某家には、その僧が描いた画が秘蔵されている。

見れば、鷹が柿の実をついばむ図であった。

元来、鷹のような猛禽は、たとえ飢えても穂や実をついばまない。

ところが、畜生の浅ましさ、狸はそれを知らず、鳥と同じように思って描いたのであろう。

やはり妖事において、狸は狐には遠く及ばぬようである。

◎**狸の妖術**――「甲子夜話」巻之十七

鹿撃ちのため鉄砲を携えて山へ入った猟師がふと見ると、少し先に納屋があり、その前では女が紡車《ぼうしゃ》を回して、木綿を紡いでいた。

「この辺りに人家はないはず。しかも、この夜更けに、女が独りで屋外で紡車を操っているのはおかしい。何かのあやかしに違いない」

と思った猟師は、素早く狙って、一発撃った。

ところが……。

弾は確かに女の胸板を貫いたのに、女は平然と車を回している。

「おのれ」

とばかりに、あと二発撃ち、二発とも女に命中したが、女は婉然と紡ぎ仕事を続けていた。

しばし考えた猟師は、今度は紡車を狙って撃った。

すると、物音がして紡車は倒れ、女の姿もかき消えた。

猟師が急いで駆け寄ってみると、大きな老狸が撃たれて死んでおり、傍《かたわ》らには石が立っていた。

女と見えたのはこの石で、狸は紡車に化けていたのだった。

◎**狸の害を絶つ**——「甲子夜話」巻之四十九

対馬には狸がいない。

それは、宗《そう》家の臣下の某のおかげである。

某は狸の害を絶つことに生涯を懸け、艱難辛苦の末、狸を根絶やしにした。

某は常々、周囲の人にこう言っていたという。

「対馬の狸も、造化《ぞうか》の妙が生んだ動物である。にもかかわらず、人間の側の勝手な都合で、とうとう絶滅させてしまった。不善な行いの最たるものだ。そして、張本人はこの私だ。きっとその報いを受け、うちの家系も絶えてしまうに違いない」

その後、某の暗澹《あんたん》たる予想は的中し、某の家は断絶したという。

◎**狸の勧進**──**「甲子夜話」巻之五十一**

鎌倉建長寺の山中に数百年棲む古狸は、寺が山門再建に乗り出したと聞き、僧たちに先んじて勧進の旅へ出た。

建長寺の老僧に化け、寺の絵符を携えて村々を渡り歩いては、喜捨を集めたのであった。

途中、板橋の宿に泊まったが、障子に写った影が狸の形であるのを宿の者に見られた。

ところが、狸自身はそれに気づいていなかった。

翌朝も姿は僧のままだったので、人々は訝しがり、さんざんに噂した。

いたたまれなくなった狸は早々に出立して、練馬宿へ向かった。

やがて練馬宿に着いた狸は、

「やれやれ、これでひと安心」

とばかりに嘆息して、風呂へ入った。

が、その折、またへまをした。着替えを運んで来た宿の下女に、尾を見られてしまったのだ。

驚いた下女が主人へ報告すると、主人は、

「触らぬ神に祟りなし」

とでも思ったのか、下女に堅く口止めをして、今まで通り振る舞うように厳命した。

とはいえ、人の口に戸は立てられない。

狸の噂はたちまちに近郷へ広まり、狸が青梅街道に至った頃には、駕籠舁き人足たちの耳にも入っていた。

人足たちは化け狸が駕籠にのると、予め連れて来ていた犬をけしかけてみた。

犬は駕籠の戸を喰い破って、中の老僧に襲い掛かり、喰い殺してしまった。

人足たちは、

「ざまあみろ。人間を誑かした報いだ」

と言いながら遺骸を駕籠の外へ引きずり出したが、老僧の姿は僧のままである。

「ひょっとすると、本物のお坊様であったかもしれぬ」

と震え上がり、すぐに役人へ届け出た。その後、

「建長寺の長老の命を奪ったとあっては、ただでは済まぬ。極刑は免れぬものと覚悟せい」

と厳しき詮議が行われ、三、四日が経った。

すると、老僧の姿は狸へ変じた。人足たちはお構いなしとなった。

また、狸の懐からは相当の金子と建長寺の絵符が出て来たので、役人は寺へ問い合わせてみた。

寺の僧たちは、事のあらましを聞くと、

「絵符やら紙筆やらが紛失して怪しんでおりましたが、まさか古狸が勧進を……」

と驚いていた。

ちなみに、勧進の道中、狸が求められるがままにものした書画が、各地に数点残っている。

そのうちの一枚を狩野某という名手に見せたところ、

「筆法にいささか緩みがあります。おそらくは口筆で描いたのでしょう」

との見立てだった。

◎器用な狸（一）――「甲子夜話三篇」巻之六十

お城の西丸新営にあたっては多くの工匠たちが作業にあたったが、それは昼間の話であって、夜間の現場は人っ子ひとりおらず、静まり返っているはずであった。

ところが……。

実際には、夜になると、無人であることに乗じて狸が現れ、昼間の工事の音を真似て遊び興じるようになった。

例えば、

「かちかちかち」

と金槌そっくりの音を出してみたり、

「ずるずるずる」

と鋸《のこぎり》で木を切る音も再現したり、実に巧みであった。

後宮の女御たちは、当初、この物音が始まるや、薄気味悪がって逃げ出していた。

しかし、日が経つにつれて慣れ、夕暮れから心待ちにするようになった。

狸がどうやって音を出しているのか見た者はいないが、聞こえてくる音の種類や大きさから察するに、少なくとも一匹やそこらではないだろう。

◎器用な狸（二）――「甲子夜話三篇」巻之六十

奥坊主に拠れば、お城の能舞台で演能があった日の晩には、狸が舞台に現れて、様々な音を出して打ち興じるのだそうだ。鼓や太鼓は勿論、笛の音まで真似るという。

腹鼓があるから鼓や太鼓の類はお手のものだろうが、笛の音まで出せたとは珍しい話である。

月岡芳年
「新形三十六怪撰」より
茂林寺の文福茶釜

葛飾北斎「北斎漫画」より
狸

蹄獣の章

中村惕斎「訓蒙図彙」(1666)より

しか――鹿

◎**鹿と猪――「関秘録」巻之二**

鹿は「もみぢ鳥」、猪は「しなが鳥」と古歌にある。

◎**男鹿と女鹿――「関秘録」巻之七**

夏は女鹿が男鹿を恋しがる。

　秋は男鹿が女鹿を恋い慕う。

◎**紙を喰う鹿――「寝ざめの友」**

安芸の宮嶋へ参詣した折のこと。

　船から降り立つと、辺りには鹿がたくさんいた。

ここでは猿と鹿が神使として敬《うやま》われているから、猿や鹿は人間を怖れず、馴れて近寄って来る。

　同行していた人が懐から一枚の紙を取り出して鹿へ与えると、鹿はさも美味《うま》そうにむしゃむしゃと喰った。

するとその人は、

「ああ、有難いことだ」

と喜んだ。

「どうしてかね?」

と訊ねたところ、

「故郷に残してきた家族が健在かどうかは、ここの鹿へ紙を与えてみたら分かるんだ。家族に別条ある時は、鹿は紙を喰わない。恙《つつが》なければ、今のように美味そうに喰うんだぜ」

との答えだった。

◎鹿茸《ろくじょう》のこと——「徒然草」第一四九段

鹿茸を鼻にあてて嗅いではいけない。

うかうか嗅ぐと、中にいる小さな虫が鼻の穴へ入り、終いには脳まで喰われてしまうぞ。

◎神鹿を撃つ――「甲子夜話」巻之二十二

肥前領内に、沖の神嶋という古い霊場がある。

ここは鹿の宝庫だが、地元の者たちは昔から神使《しんし》と敬い、決して捕殺しない。

ある時、命知らずの侍が、

「神使か何かは知らぬが、所詮は畜生であろう。それを狩って、何が悪い」

と豪語し、友人の制止を振り切って、鉄砲を携え神境へ分け入った。

すると、たちまち一頭の鹿が現れた。

侍は、

「こりゃあ、幸先が良いぞ」

と喜んで、早速、撃った。

弾は鹿の腹へ命中したが、鹿は倒れもせず、逃げもせず、平然としていた。侍は、

「ひょっとして外したのか」

と思いながら、よく狙っていま一度、撃った。

二発目も腹へ命中したが、鹿は平気だった。

ますます怪しんだ侍がさらに撃とうとした時、山じゅうから無数の鹿が現れた。山から湧い

て出てきたようだった。
これを見た侍は驚倒し、命からがら家へ逃げ帰ったという。

◎**大竜の正体——「甲子夜話」巻之二十六**

年に一、二度、佐渡の嶋から越後の岸まで、鹿が渡海するらしい。まず一頭の鹿が海へ入る。波間では頭と背しか見えない。

次の鹿は、顎で前の鹿の尾の辺りを持ち上げて、浮くのを助ける。

この要領で数十頭の鹿が連なり、海を渡り進んで行く。

遠くからは、大竜が渡海しているように見えるという。

◎**日本武尊《やまとたけるのみこと》と白鹿——「日本書紀」巻第七**

日本武尊は信濃へ足を踏み入れた。

この国の山は高く谷は深く、青々とした嶺が幾重にも重なっていて、旅人が杖を頼りに登ろうとしても登りきれるものではなかった。無論、馬でも進めない。

けれども、日本武尊は霞をかき分け霧を押し分けて、道なき道を勇壮に歩み進んでいった。

さて、ようやくのことで、とある峰に行き着いた日本武尊は、にわかに空腹をおぼえて、山中で食事を摂った。

それを見た山の神は、日本武尊を害する好機と考え、大きな白鹿へ変化《へんげ》して、日本武尊の前に立ちはだかった。

日本武尊は怯《ひる》みはしなかったが怪訝《けげん》には思い、一箇蒜《ひとつひる》（鱗茎が一本だけ生えたニンニク）をぐっと掴《つか》んで、白鹿を打ち据えた。蒜は相手の目に命中して、白鹿は息絶えてしまった。

こうして白鹿を一撃で仕留めた日本武尊は、やがて再び歩き始めたが、さきほど死んだ白鹿の怨みの故か、進むべき方向を見失い、立ち往生してしまった。

すると、どこからともなく白い犬が現れて、しきりに日本武尊を招く仕草をする。どうやら道案内を買って出てくれているらしい。

そこで信じて付いて行くと、無事に山々を抜けて、美濃へ出ることが出来た。

思えば、以前、信濃坂を越えようとした者は、山の神の邪気にあてられ、残らず山中に病み臥《ふ》したものだった。

ところが、日本武尊の武勇伝が伝えられて以降、峠を越える旅人たちは蒜を噛み、その汁を己や連れている牛馬の身体へ塗りつけた。さすれば邪気にあたらぬからであった。

◎**海を往く大鹿――「日本書紀」巻第十**

天皇が淡路島へ出向いて狩りに興じていた折、ふと西方を見やると、数十頭の大鹿が海上を泳ぎ来て、播磨のとある河口へ入って行くのが目に入った。不思議に思った天皇は、早速、侍臣を遣わして調べさせた。

差し向けられた侍臣が現地で確かめてみると、大鹿の群れと見えたのは、皆、人間であった。角の付いた鹿皮を身にまとったまま泳いでいたので、遠くからは鹿の群れに見えたのであった。そこで、

「何者であるか」

と問うたところ、長《おさ》らしき者が答えて言うには、

「私は、日向の諸県君牛《もろがたのきみうし》でございます。長年、日向で朝廷のために働いてきたのですが、寄る年波で、先般、職を退きました。しかし、朝廷とのご縁が切れてしまうのは本意ではないので、代わりと申し上げるのも変なのですが、娘の髪長媛《かみながひめ》を帝へ奉ろうと存じます」

そこで侍臣は急ぎ天皇のもとへ戻り、事態を報告した。

天皇がお喜びになられたことは、申すまでもない。

この一件がきっかけで、君牛たちが泳ぎ着いた一帯は鹿子水門《かこのみなと》（兵庫県・加古川の河口付近）と呼

ばれるようになった。

　また、水夫を「かこ（鹿子）」と称するのも同源であろうと思われる。

◎**鹿の夢占**――「日本書紀」巻第十一

昔、牡鹿《おじか》が夜明けに目を覚まし、共寝していた牝鹿《めじか》へ言った。

「今しがた、奇妙な夢を見た。沢山の白い霜が降って、私の身体を覆ってしまったのだ。あれは一体、何の前兆だろうか」

　すると牝鹿が驚き悲しみながら答えた。

「ああ、何ということ。あなたは間もなく、人間に射られて、死んでしまわれるのだわ」

「どういうことかね？」

　と問われて、牝鹿が続けて言うには、

「白い霜とはきっと塩のことよ。射られて殺された後、身体じゅうに塩を塗られる兆《きざ》しなのよ、あなたの夢は」

　夜が明けるか開けないかうちに、一匹の寝ていた野には狩人が現れた。そして、牝鹿の言った通り、牡鹿を見つけると、たちまち射殺《いころ》してしまった。

「聖徳太子伝図会」より
越（古志）国白鹿を献じる

◎**人が白鹿になる**――「**日本書紀**」**巻第十一**

仁徳天皇六十年十月、天皇は白鳥陵《しらとりのみささぎ》の陵守《みささぎもり》たちを初めて雑役に徴発した。

天皇が監督のために労役の現場へ赴くと、陵守の一人であった目杵《めき》なる男が、突如、白鹿へ変化《へんげ》して、飛び跳ねながら逃げ去った。

この光景を目の当たりにした天皇は、

「実は近々、白鳥陵を廃するつもりであった。陵がなくなれば陵守は要らぬ。そう思ってこのたび初めての徴発に踏み切ったのだ。

しかし、つい先刻の怪事はそうした試みへの戒めであろう」

と考えをめぐらせ、

「白鳥陵は廃さずにおくべし」

と命じた上で、陵守を徴発の対象から外して、元の通り、土師連《はじのむらじ》の所管へ戻した。

◎**百舌鳥《もず》のこと**――「**日本書紀**」**巻第十一**

仁徳天皇六十七年十月五日、天皇は河内石津原《いしつのはら》へ赴いて、その地を己の陵地と定めた。

同月十八日には築造工事が始められた。

この日、野にいた鹿が突然、工事の人足たちの間へ躍り込み、そのまま倒れて死んだ。皆が怪しんで死骸を調べてみたところ、鹿の耳の奥から百舌鳥が飛び出て、あっという間に飛び去った。

耳の中はずたずたに咋《く》い裂かれていた。

それ故、以降はこの地を百舌鳥耳原《もずみみはら》と呼ぶようになった。

◎八本足の鹿――「日本書紀」巻第二十七

天智天皇十年（671）四月。

筑紫大宰率《つくしのおおみこともち》から報告があった。

「八本足の鹿が誕生するも、時をおかずして死せり」

◎鹿の肉――「大日本国法華験記」巻中第七十五

ある山寺の僧が、ある年の冬、凄まじい豪雪のために寺に閉じ込められてしまった。しばらくの間は、庫裡にあったわずかばかりの食糧でしのいでいたが、やがてそれも尽き、飢えと寒さの中、本尊の観音像にか細い声で経を読み、加護を求める他、どうしようもなかった。

さて、ある日の早朝、板戸の隙間から外を見ると、昨夜狼が襲い喰った鹿の肉片が散らばっていた。

僧は隙間から懸命に手を伸ばして肉片を屋内へ引き入れ、鍋で煮て、戒律もお構いなしに貪《むさぼ》り喰った。

そして二、三日ほど経った。

ようやく雪が溶け出し、道が通れるようになると、麓《ふもと》の村人が僧を心配して、寺を訪ねて来た。

中の様子を見た村人は、怪しんで言った。

「坊様、鍋で柏の木なぞ煮ておられるが、いったい何のためじゃ？」

僧が慌てて鍋を覗き込むと、中身は鹿肉ではなく柏の木片だった。

僧はてっきり、肉食の破戒が村人にばれないように、観音様が奇瑞を示して下さったのだと思い込み、

「やれ、有難や」

と手を擦《す》り合わせた。

しばらくして村人が帰り、僧がふと見ると、観音像の腰の辺りが削り取られて、大きな穴が

開いていた。

ここで初めて、僧は悟った。

「あの時、観音様が鹿へ変じて、わしをお救い下さったのだ」

と。

それからというもの、僧はますます信仰心を堅くして、修行に励んだという。

◎四つ耳の鹿のこと――「北窓瑣談」巻之四

寛政年間（1789–1801）、大掛かりな鹿狩りが行われた折、伊賀・大和の国境《くにざかい》で、四つ耳の鹿が見つかった。土地の者たちはこれを「常鹿《じょうしか》」と呼び、神の使いであろうと敬った。狩人たちも、手出しをせずに、神鹿をそのまま見逃してやった。

この種の鹿は四季を問わず啼《な》くので、「常住《じょうじゅう》の鹿」という意味で「常鹿」と称するらしい。

◎鹿の声を聞く――「猿著聞集」巻之四

浪花島之内に、大声で知られた男がいた。

山間に住む知り合いから、

「鹿の音でも聞きに来たらどうだ。風流だぞ」

と誘われたので、それも一興と早速訪ねて行った。

さて、座敷へ通され、久しぶりに会った知り合いと歓談するうち、鹿の音が聞こえて来た。二人ともしみじみ聞き入っていた。

やがて夜も更けたので、二人は別々の部屋へ分かれて床についた。知り合いはすぐに寝入ってしまったが、男の方は先ほどの感興が醒め難く、

「よもすがらこゑもたわわにきこゆるは萩がえわけて鹿のなくらん」

と詠み、それを寝床で秘めやかに数度吟じて、そのまま寝てしまった。

さて、翌朝。

知り合いは男の顔を見るや短冊を差し出し、

「せっかくだから、夕べお前さんが詠んだ鹿の歌をここへ書いてくれ」

とせがんだ。

男が、

「書いてやりたいのはやまやまだが、寝床の中で気持ちの赴くままに詠んだ歌だから、よく憶えていない」

と頭を掻いた。

すると、知り合いは、

「大丈夫、大丈夫。俺が憶えているから、俺が今から言う通りに書いてくれたらいいんだ」

と笑って、その場で昨夜の男の歌を諳《そら》んじたという。

ひとりごとのようにつぶやいただけなのに、隣室の人にはっきり聞こえて、あまつさえ諳んじてしまうほどだったわけだ。

男の地声の大きさを証する出来事であった。

◎鹿の目――「古事談」巻三之九十九話

昔、大和国に住む某は、懇意にしている上人から、殺生をやめるように何度諭されても聞き入れず、生業の猟を続けていた。

ある五月の夜のこと。

某はいつものように、森の中で照射《ともし》の猟をおこなっていた。暗闇を火串《ほぐし》で照らし、潜む獣の眼底に反射する僅《わず》かな光を手掛かりに居場所を掴み、矢を射かけるのであった。

火串で照らすと、今宵も闇の中で光る眼があった。

某は、

「しめしめ」

とは思ったが、どうもいつもの鹿の眼とは様子が違う。気になったので、つがえていた矢をいったん外し、馬で近づいてみた。

すると……。

驚いたことに、そこにいたのは、鹿ではなく、例の上人だった。上人が鹿の皮をかぶって、鹿のふりをして地に臥せていたのであった。

某は呆《あき》れて言った。

「お前様はいったいここで何をしておられるのか。鹿と間違えて、危うく射てしまうところでしたよ。馬鹿をするにも程がある」

すると上人が言った。

「お前は愚僧がいくら口で申しても、殺生をやめまい。しかし、今宵射殺《いころ》した鹿の正体があとで愚僧と分かったら、それに懲りて今後は猟をやるまいと思ったのじゃ。そこで、皮をかぶって鹿に化けていたのだよ」

そう聞かされた某はたちまち発心した。その場で髻《もとどり》を切って出家し、上人の弟子となった。

◎賀古郡《かこのこおり》のこと――「播磨国風土記」

帝が辺りを見渡して言ったことには、
「この地は、丘と原と野が広大だ。
また、あの丘は鹿児《かこ》が平原にすっくと立つ姿を思わせる」
それ故、この地を賀古《かこ》の郡と呼ぶのである。

◎日岡《ひおか》のこと――「播磨国風土記」

帝が狩りをしていると、一頭の鹿がこの丘を走り登り、悲しげに鳴いた。その声は、比々《ひひ》と聞こえた。

それ故、この丘を日岡と名付けた。

◎讃容郡《さよのこおり》のこと――「播磨国風土記」

夫婦神がより多くの土地を占めようと互いに争っていた際、妻神が生きた鹿を捕らえて地へ寝かせ、腹を裂いた。そして、血だまりを苗代にして、種籾《たねもみ》を蒔いた。

すると、一夜のうちに苗が生え伸びた。

そこで、その苗を使って田植えをさせた。

これを見た夫神は、

「お前は、五月夜《さつきよ》に田植えをしたのだなあ」

と言い残して、他所へ去って行った。

それ故、この地を五月夜の郡、すなわち讃容《さよ》の郡と呼ぶようになった。

◎**筌戸《うえど》のこと**――「**播磨国風土記**」

大神が出雲から来た折、嶋村の岡を腰掛けのようにして座し、筌《うえ》を川に仕掛けた。

それ故、この地を筌戸という。

ところが、中へ入ったのは、魚ではなく、鹿であった。

早速、膾《なます》にして食べようとしたが、口に入る前に地へ落ちてしまった。

そこで大神はこの地を離れ、他所へ遷《うつ》った。

◎**神罰覿面《てきめん》**――「**新著聞集**」**第九**

昔、江戸から伊勢参りへ出掛けた男がいた。

参拝を済ませた帰路、男は岡崎で鹿肉を喰って、江戸へ戻った。

それから四、五日経つと、男は普通の食事を摂らなくなり、代わりに、竹の箆《へら》で腐土を掘り、虫をほじくり出して貪り喰うようになった。

人々は男を疎《うと》んじ、柳原の土手へ打ち捨てた。

それからというもの、男は土手で猫、犬、鼠等の死骸を喰って暮らしたという。寛文五年（1665）の出来事である。

◎五色の鹿――「宇治拾遺物語」巻第七第一話

昔、天竺に身体が五色で、角の白い鹿がいた。深い山奥に棲んでいたので人間に目に触れたことはなく、一羽の烏《からす》を唯一の友として、平穏に暮らしていた。

さてある日、山のほとりの大河へ赴くと、一人の男が流されて溺れかかっていた。助けを求める声がいかにも哀れで、見殺しにするのも可哀相だったから、鹿は急流を泳いで男へ近づき、岸まで連れて行ってやった。

男は手を擦り合わせ、拝むようにして鹿に礼を言い、

「あなたは私の命の恩人です。どうか恩返しをさせて下さい」

と言った。

鹿は、

「別に恩返しなど要りません。ただ、ひとつだけお願いがあるのですが、私と遭ったことを他の人に言わないで下さい。珍しい五色の鹿が山にいると知られたら、皮を狙う人間たちがこの山へ押し寄せ、私はじきに殺されてしまうでしょう」

と応えた。

男は、

「ごもっともです。命の恩人であるあなたを危険にさらすような真似は致しません。今日のことは決して口外しませんから、ご安心下さい」

と何度も約束しながら、里の方へ帰って行った。

そして約束通り、鹿のことは誰にも言わなかった。

さて、それからしばらくすると、この国の后《きさき》の夢に、今まで見たことのない、美しい鹿が現れた。体毛は五色で、角が白かった。この鹿にすっかり魅せられた后は、目覚めるや否や、王に夢の鹿のことを話し、

「ああして夢に出て来たからには、きっとこの国のどこかにいるのだわ、あの鹿は……。ね

「宇治拾遺物語」より五色の鹿

349　しか

え、王様、どうか捜し出して頂戴。そして、私に授けて下さいな」

とせがんだ。

そこで、王様は早速、お触れを出した。

「五色の鹿を捕らえて王へ差し出した者には、多大の褒美をとらせる」

これを聞いた例の男は、いそいそと王宮へ出向き、

「お探しの五色の鹿なら、私が居場所を存じております。狩人をお借り出来ましたならば、私が現地へご案内して、鹿を捕らえて参りましょう」

と申し出た。

王はたいそう喜び、

「いやいや、大切な后のたっての願いを叶えるためだ。他の者に任せてはおけぬ」

と言って、みずから狩人を大勢率いて、男の案内する山へ入った。

その頃。

何も知らない鹿は、暢気《のんき》に穴の中で寝ていた。

すると、友の鳥が鳴き騒ぎながら飛び込んで来て、鹿の耳を長い嘴で咥《くわ》えて引っ張った。

鹿がびっくりして起き上がると、鳥は、

「国王が大勢の狩人を連れてやって来たぞ。山は人間たちにぐるりと取り囲まれて、お前さんには最早、逃げ道がない。気の毒なことだ。気の毒なことだ」

と鹿に同情しながら、泣く泣く飛び去って行った。

鹿はむっくり起き上がると、穴から出た。

そして、逃げも隠れもせず、悠然と王の輿へと歩みを進めた。

驚いた狩人が、怪訝に思いながらも矢をつがえ、今にも射ようとすると、王は、

「この鹿はいささかも恐れず、堂々とここまでやって来た。きっと何か理由があるに違いない。それを聞かずにおれようか。射てはならぬぞ」

と制止した。

言われた狩人たちが弓矢を下ろすのを見ると、鹿は輿の前で跪いて申し上げた。

「私は自分の体色を人間たちに見られぬよう、長年、深い山奥に籠って暮らして参りました。それが今になって、急に王の知るところとなったのは、何故でございましょうか」

王は、

「それは、この者が知らせてくれたからだ」

と、輿に侍従する男を指さした。

鹿が見ると、紛れもなく、あの男だった。

鹿は、

「以前、私は河で溺れるお前を助けてやった。あの折に約束したではないか。この山のこと、そして私のことは口外せぬと。それを反故《ほご》にして、命の恩人をこうして死に追いやるとは何事か」

と涙を流しながら難詰した。

これを聞いた王は、

「この鹿の申す通りだ。こやつは畜生の身でありながら慈悲の心に溢れておる。それに引き換え、お前は、人間でありながら、欲に目がくらんで命の恩人を死地へ追いやろうとするとは、言語道断だ」

と男を大喝し、侍臣に合図した。

男はその場で斬られて死んだ。

続けて王は、

「今後、この国では、一頭たりとも鹿を狩ってはならぬ。背いた者は死罪に処す」

と宣言して、王宮へ戻って行った。

◎円仁《えんにん》と鹿――「菅江真澄遊覧記」

かつて円仁が陸奥国で修行中、白毛の散りこぼれているのを怪しみ、これを踏み越えて山へ分け入ると、白鹿にもたれてやすらう老翁がいた。

円仁が、

「いかなる御方でいらっしゃいますか」

と訊ねると、

「我はこの山の鎮守なり」

と答えて、翁の姿はかき消えた。

「この山をひらいて仏法を流布せよとの、神のお告げであったか」

と円仁は感激し、早速、薬師如来を安置して一寺を建てた。医王山毛越寺金剛王院《いおうざんもうつうじこんごうおういん》といった。白毛を踏み越えた故事から、この寺名となった。

天台宗の寺で、あまたの堂舎を擁する巨刹であったが、元亀《げんき》三年（1572）の野火で焼亡してしまい、今は礎石だけが残っている。

◎**明恵と鹿**──「古今著聞集」巻第二

高弁上人（明恵）は、釈迦所縁の地を巡拝したいという想いに突き動かされ、ある時、弟子十数人と共に天竺へ渡ることを決意した。

そこで、まずは旅立ちの挨拶のため、春日大社を訪れた。

すると、六十頭もの鹿が膝を折り地に伏して、上人を拝礼した。

その後、上人が生地の紀伊国湯浅郡を訪れると、伯母にあたる女房が憑依の体《てい》となり、春日大明神のご託宣を口走り始めた。

「私は仏法守護のため、神の姿でこの国に降臨した。にもかかわらず、汝はこの国を捨て、どこへ向かうというのだ」

上人が、

「あなた様は本当に春日大明神であられますか。それが真《まこと》なら、畏《おそ》れ多きことながら、何か霊験をお示し下さい」

と問うと、

「私のことを疑うとは言語道断だ。かつて汝が我が山へ参った折、六十頭の鹿が膝を折って拝礼したであろう。勘違いせぬよう教えてつかわすが、あれは汝を敬ってのことではない。汝の

「春日権現験記繪」（写本）より明恵と鹿

六尺ほど頭上に私が姿を現した故、鹿たちが畏れて膝を折ったのだ」

と答えた。

すると、上人が言うには、

「鹿たちが膝を折ったのをご存じというだけでは、私の疑いは晴れません。人智を超えた奇瑞をお示し下さいませ」

これを耳にするや、女房はいきなり高く飛び上がり、家の梁に腰を下ろした。その顔は、瑠璃の如く青く透き通り、口から白い泡つばを垂らしていた。辺りには芳香が漂った。

ここに至って上人はようやく納得し、真の春日大明神と認めて、謹んで奏上した。

「私は長らく華厳経を学んでおりますが、どうしても腑に落ちぬ箇所がございます。お教示頂けませんか」

上人が硯と紙を持ち出し、経の文言をいくつも書き連ねて不明な点を訊ねると、春日大明神はそれらを丁寧に解き明かした。

上人は、感激して随喜の涙を流し、天竺渡海も思いとどまった。

ちなみに、例の芳香は近郷近在にまで漂い、驚き怪しんだ人々が群集して、目の前の奇瑞を尊び、合掌した。

なお、女房は、その後、三日間も梁の上に端坐したという。

◎**十六股の角**――「閑窓自語」中巻

正倉院の宝物の中には、長さ三尺一寸で十六股の鹿角がある。十五股の図をよく見かけるが、描き間違いだろう。

通常の場合、鹿は四歳まで、一年にひとつずつ角が枝分かれする。それ以降は、どれだけを年を経ても角の股の数は増えない。

毎年、奈良では数百頭の鹿の角切りが行われるが、四股より多い鹿がいたためしはないという。

とすれば、例の東大寺の鹿角はおそらく仙鹿《せんろく》のものなのだろう。

◎**鹿の嘆き**――「天草本伊曾保物語」

一頭の鹿が、水面にうつった己の姿を見て、

「俺様の角はたいそう美しく、立派だ。この世に並ぶものなどあろうか」

とうっとりした。

そして今度は、うつっている四本の脚に目をやり、

「それに引き換え、脚の細くて貧弱なことといったらない。角とは全く釣り合わぬ代物だ」

と思い煩《わずら》った。

と、その時、猟師と思《おぼ》しき人間の足音がしたので、鹿は慌てて林へ跳ね戻った。

ところが……。

運の悪いことに、角が茂みに引っ掛かり、身動きがとれなくなった。足音はどんどん近付いて来る。

鹿は、

「貶《けな》した脚が救ってくれようとした命を、褒めてやった角のせいで失うことになろうとは。嗚呼」

と慨嘆した。

◎**鹿の脳油**――**「退閑雑記」巻之七**

脱肛がうまく元へ収まらない時には、まず、はみ出た部分へ鹿の脳油を塗り、温めた蒟蒻《こんにゃく》を当てて石で押し込むと、うまくいく。

◎**伊豆の鹿革**――「**退閑雑記後篇**」**巻之四**

伊豆産の鹿の革は、蹴鞠《けまり》の鞠を製するのに最適だ。

また、その毛からは良い筆が出来る。

かもしか――羚羊

◎**金剛石と羚羊**――「**和漢三才図会**」**巻第三十八**

「本草綱目《ほんぞうこうもく》」（明の李時珍撰。本草学の大著。1596初版）に拠れば、西域で産する金剛石は通常、いかにしても砕けないが、羚羊の角で打てば、氷の如く微塵に出来る。

ろば――驢馬

◎**馬と驢馬**――「**天草本伊曾保物語**」

馬と驢馬が、それぞれの背に荷物を山積みされて歩んでいた。

途中、驢馬が音を上げた。

「俺はもう一歩も歩けない。荷が重過ぎる。お前さんは俺よりも身体が大きい。申し訳ないが、俺の荷物を少しばかり、そっちで引き受けてはもらえまいか」

ところが馬は聞く耳を持たず、平然と前を歩いて行く。

そのうちに驢馬は力尽き、地面へどうと倒れ伏して、死んだ。

馬子《まご》は仕方なく驢馬の荷をすべて馬の背へ乗せ、あまつさえ、死んだ驢馬の皮を剥いで、その皮まで馬に運ばせた。

馬は、

「こんなことなら、先刻、驢馬を手助けしてやればよかった」

と悔やんだが、後の祭りであった。

◎**獅子の皮**――「天草本伊曾保物語」

ある時、驢馬は一枚の獅子の皮を手に入れた。

これを被ってそこかしこを駈けると、あらゆる獣たちが怖れてひれ伏すので、面白くて仕方がなかった。

折しも狐と出喰わしたので、例の調子で脅しにかかったが、狐は偽の獅子と見破り、

「これはこれは、気高き装いの御方に申し上げます。願わくば、尊き咆哮《ほうこう》をお聞かせ下さいますよう」

と逆ねじを喰らわせた。

皮の裾から覗く蹄で、相手が驢馬と悟ったのであった。

葛飾北斎「北斎漫画」より
驢馬

海獣
の章

中村惕斎「訓蒙図彙」(1666) より

あしか——海驢

◎海驢と犬——「塩尻」巻之一

海には、海驢という獣が棲む。

顔は犬に似ているが、からだは大きくて仔馬ほどもある。

岩の上で寝る。

「あいつらは数町先まで聞こえる高鼾《たかいびき》をかくよ。おかげで居場所はすぐに分かるから、そっと近づいて行って、突いて仕留めるのさ」

と、海浜の村人が教えてくれた。

ちなみに、あわび獲りの海士《あま》の言によれば、

「海中では、人間の形をした妖しいものに出喰わすことがある。そんな時は急いで水から上がり、その後、四、五日は漁を休むよ。

それからもうひとつ。お前さんは知らないかもしれないが、海の底は意外に静かなんだ。そこで犬そっくりの鳴き声を聞くこともあるんだ。ぞっとするぜ、あれは」

山中や海底には、平地で暮らす者が見たこともない異類の輩《やから》がたくさんいるのだろう。

◎**海驢を撃つ――「甲子夜話続篇」巻之四十一**

文政十三年（1830）三月。

「顔が馬に似た怪しい獣が海中から飛び出した」

との報告が長崎湊から寄せられたので、早速、鉄砲隊を乗せた船が警戒にあたった。

数日後、巡回中の船の正面で海獣が水面から飛び上がったので、海中へ入ろうとするところを狙いすまして発砲。弾は頭部に命中した。

しかし海獣はそれをものともせず、そのまま海へ潜り、五、六間先の沖の方で再び飛び上がった。

そこで、いま一度、発砲し、右目のあたりから左目の方へと撃ち抜いたところ、海へ入って波音をさせながらしばらく泳ぎ逃げ、五十間ほど離れた辺りで力尽きた。死骸は海面へ浮かび上がってきた。

遺骸は役所へ運ばれた。

見れば、身丈は一丈余、胴は二抱半《ふたかかえはん》ほどの巨体だった。ただ、この巨獣はいったいなんなのか、名前も分からない。

以前、松前にいたことのある者に検分してもらったところ、

「向こうで、とどという海獣ならよく見かけましたが、身体の大きさはせいぜい四、五尺どまりでした。なにぶん、こいつは大き過ぎます。ですので、私にも正直、分かりかねます」

とのことだった。

後日、詳しい者に訊いたところ、この異獣の正体は、海驢《あしか》だという。

「試しに、この海獣の画を松前生まれの者に見せたところ『ああ、こりゃあ、海驢だね。大きいものだと、身の丈一丈五尺くらいもある。それに、こいつら、ずいぶん長生きなんだ』と申しておりました」

とのことであった。

おっとせい——膃肭臍

◎**海獣あらわる——「島根のすさみ」**

ある時、佐渡の浜辺で、漁師が妖しい海獣を百文で売りに出していたところ、たまたま通りかかった一人の医者が、大変珍しいというので、一分二朱も出して買い取ったという。

ただ、生け捕りではなかったので、いざ買ってはみたものの、結局、塩漬けにするのが関の山だったらしい。惜しいことである。

なお、後日、膃肭臍の遺骸を見る機会があった。腹が断ち割られ、臓物のかわりに塩が詰めてあった。耳は小さく、顔にはひげがあった。手足も切り落とされずに残っていた。獺《かわうそ》のような体色で、そういえば顔も似通っていた。足は、魚の尾に爪をつけたようだった。

試しに小野蘭山の「本草綱目啓蒙」を繙《ひもと》いてみた。それによれば、唐土では膃肭獣《おっと》と呼ぶが、日本では膃肭に臍《ほぞ》の一字を加えてオットセイ（膃肭臍）と言い慣《なら》わしている由《よし》。

◎膃肭臍と膃肭獣——「草廬漫筆」第五

膃肭獣を膃肭臍と呼ぶのは誤りである。

膃肭臍とは、膃肭の臍のことだ。蝦夷地の他、津軽南部にも棲息する。

膃肭獣には、海獺《かいだつ》、海狗《かいく》、海豹《かいひょう》の別がある。

海獺は獺に、海狗は犬に似ており、海豹とはあざらしのことである。

◎**膃肭臍の食べ方**——「**本朝食鑑**」**巻之十一**

肉は生食するのが最も美味《うま》い。

塩蔵すると生臭くなり、味は落ちる。

ただ、病人のいる家では、その塩漬け肉を味噌と一緒に煮て、その汁を啜《すす》らせると良い。

とど——胡獱

◎**歯を見よ**——「**斉諧俗談**」**巻之五**

松前の海中には、胡獱という生きものがいる。

その姿形は膃肭臍《おっとせい》に似るが、より大型である。

両者は、歯を見れば区別がつく。

膃肭臍は、下顎の歯が二列である。

これに対し、胡獱は一列である。

眠るのが好きらしい。それも必ず水上に漂って寝るのだという。

らっこ——猟虎

◎**奇妙な巾着——「北国奇談巡杖記」巻之五**

昔、山田玄立なる医者が自邸の門前で寛《くつろ》いでいると、南の方から飛来した一羽の鳶が、何やらぼたりと落としていった。

怪しんで近づいてみると、毛皮で作った、大きさ七寸ほどの巾着だった。中には、玉印が二つと、金の鈨《つく》(弓の両端に嵌める金具)が一つ入っていた。

さて玉印だが、それぞれ「唐太子劉王武」「竜翼麟羽」と篆書《てんしょ》で刻してあった。雅味溢れる逸品だった。

なお、目利きに鑑定してもらったところ、巾着は猟虎の革で出来ているとのことだった。

由緒も分からないし、なぜ鳶が運んで来たのかも分からない。

とにかく同家の重宝となった。

くじら——鯨

◎**品川の鯨——「梅翁随筆」巻之三**

ある年の五月某日は夜中から風雨が強く、海は大荒れだった。

翌朝、ようやく晴れて凪《な》いだ品川沖を漁師たちが遠望すると、見慣れぬものが海面を浮き沈みしている。

よくよく見れば、一頭の鯨だった。

漁師たちは色めき立ったが、この地には鯨のための漁具はない。

ただ、この天恵を逃す手はないので、皆はとりあえず船を出した。沖合に列を作って網を投じ、船上で大声を上げて鯨を追い立てた。

鯨はこれに驚き、天王洲の方へ逃げ込んだが、狭いところなので直ぐに引返し、沖へ逃げようとした。

しかし、そこには漁師たちが待ち構えており、沖へは逃さじとしきりに岸の方へ追い返す。

これを二、三度繰り返すうち、沖合に並ぶ船の数はますます増して、鯨は退路を断たれてしまった。

仕方なく湾内へ入り、大きく跳ねて洲を飛び越えようとしたが、誤って浅瀬に乗り上げてしまった。

こうなると、鯨はもはや進退自由がきかなくなり、尾ひれを動かすほか何も出来なくなった。

そこへ漁師たちが漕ぎ寄せて、皆で打ち殺した。

珍しいこの漁をひと目見ようと、岸へは見物人が押し寄せていた。それればかりか、乗合船で沖へ出て間近で観る物好きも多かった。

体長は九間一尺、高さは六尺ほど。

この鯨のおかげで、近郷近在の村々がどれほど潤《うるお》ったかしれない。

◎**噛む鯨**——「日本書紀」巻第二十

敏達天皇二年(573)八月。

某は、

「海中に大きな鯨がいて、船と櫂《かい》に噛みつきました。私たちは船ごと呑まれてしまうことを恐れ、漕ぎ出せなかったのです」

と虚偽の報告をした。

天皇はそれを見抜き、現在の官位を剥奪した上で朝廷の雑役夫として働くことを命じ、生国の吉備への帰国を許さなかった。

◎ **ブレンススとワルベシ**——「草廬漫筆」第五

鯨は種類が多い。

先ごろ、新井白石先生が紅毛人に鯨のことを訊ねたところ、こんな答えが返ってきたという。

「ひと口に鯨と言っても色々だが、中でも特に体が大きいのが、ブレンススとワルベシだ。

ブレンススは全身が黒く、頭に潮を吹く穴がある。目は細い。

ワルベシは東海中にしか棲んでおらず、渡海する姿は壮観。鏡のように大きな目をしている。白い歯は鋸《のこぎり》のようだ。体色は緑色で、黒い帯が走っている。現れると、波がうねり雷鳴が響く。もしも船へ近づいて来たら、鉄砲をぶっ放すことだ。そうすれば去って行くよ。不思議なことに、西南北の洋中ではついぞ見かけないね」

◎ **鯨岡《くじらおか》のこと**——「常陸国風土記」

行方《なめかた》郡の南には、鯨岡がある。

遥か昔、鯨が腹這いでやって来て此処に臥《ふ》せたので、この名がある。

◎久慈郡《くじのこおり》のこと――「常陸国風土記」

古老曰く、

「郡の役所の南には、小さな丘がある。鯨が臥したような形をしている。昔、日本武尊がそれを見て、この地を久慈《くじ》と名付けた」

◎鯨伏郷《いさふしのこおり》のこと――「壱岐国風土記」逸文

この地の者は、鯨を「いさ」と呼ぶ。

さて、かつて、巨大な鰐《わに》に追われた鯨がこの湾へ逃げ込み、隠れ伏したことがあった。

それ故、この地を鯨伏《いさふし》と呼ぶ。

ちなみに、その鰐と鯨は、それぞれ石と化している。

両者の間には、一里（約四四六メートル）ほどの距離がある。

◎**鯨と梵鐘**――「**和漢三才図会**」**巻第五十一**

「古今詩話《ここんしわ》」（明の稽留山樵撰）に拠れば、海岸には蒲牢《ほろう》という獣が棲む。この獣は鯨を怖れ、鯨が水上へ躍り上がると、鐘の音に似た大声で啼《な》き騒ぐ。

それ故、梵鐘を鋳造する際には、鐘がよく鳴るようにとの願いを込めて蒲牢を象《かたど》った飾りを造り、鐘の上に据える。

◎**鯨皮のこと**――「**甲子夜話**」**巻之五十九**

鯨の皮には多量の膏液《こうえき》が含まれている。それを煮て得られる油を売って、漁師たちは大儲けする。鯨の皮は俗に「テイラ」と呼ばれている。

ちなみに、油のことを梵語では「帝攞《ていら》」という。

鯨の皮には油が多いため、同じ「テイラ」という語を使って呼ぶようになったのだろう。

◎**鯨の牙**――「**本朝食鑑**」**巻之九**

鯨の牙歯の形は、猪の牙や象牙に準ずる。白くて硬いので、切磋《せっさ》して用いる。

近頃、これで老人の義歯をつくる者が現れた。

「諸職絵本新鄙形」より梵鐘

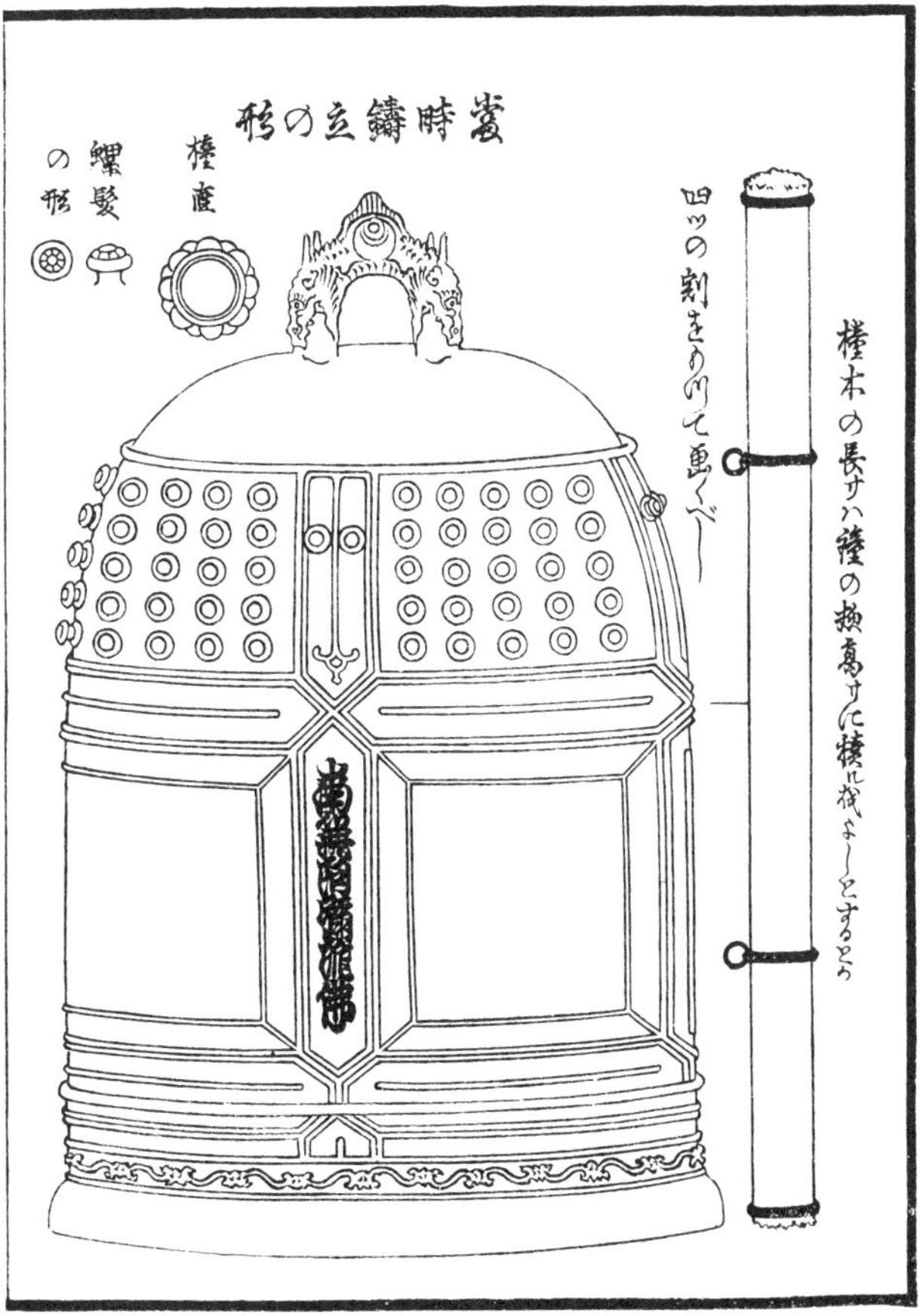

歯茎にぴったり装着すれば、堅い物も噛めるし、頭を揺すっても脱落しにくい。

ちなみに、鯨の中で牙歯のある種は、真甲鯨《まっこうくじら》だけである。

なお、この牙歯を赤く染めて加工し、珊瑚玉と偽って売る者がいるという。

◎七郷《ななさと》の賑《にぎ》わい――「日本永代蔵」巻二之四

今日も今日とて、鯨突きの名人・天狗源内《てんぐげんない》が銛で仕留めたのは、磯へ引き上げてみると、丈が三十三尋《ひろ》二尺六寸（約六十メートル）の背美《せみ》と呼ばれる鯨。その巨大さは空前絶後だった。

「鯨一頭捕らえれば七郷の賑わい」とはよく言ったもので、近郷近在の多くの村里が大いに賑わい、潤った。

千樽以上の油が取れ、肉、皮は勿論、ひれに至るまで、全身捨てるところがなかった。長者になりたいのなら、鯨を捕るのが一番の早道だ。

凄まじい量の切り身を積み上げた有様は、山のないこの浦ににわかに雪の富士が出現したようだった。

その一方、白い肉が朱に染まった様子は、紅葉の高雄さながらとも言えた。

才知煥発の源内は、従来使い道がないように思われていた骨を譲り受け、砕いて搾油させて

「日本永代蔵」より
鯨突き

みた。

すると、油が思いのほか大量に取れたので早速、売り捌《さば》き、法外な利益を得た。

おかげで、かつて浜辺の粗末な小屋に住んでいた源内は、今では檜造《ひのきづくり》の豪邸に暮らし、船八十余艘、漁師二百余人を抱えて、並ぶ者なき分限者《ぶげんしゃ》となった。

しゃち——鯱

◎**名古屋城の鯱《しゃちほこ》**——「**甲子夜話**」**巻之四十三**
名古屋城の天守は五層。金の鯱が燦然と輝き、遠方からもよく目立つ。

天守の下段は、広さ二十五間に二十七間。地面から上までの高さは五十間である。加藤清正による修造と伝わる。台石に銘が彫られている由。

◎**鯱の鰭《ひれ》**——「**楽郊紀聞**」**巻之十**
鯱の鰭は先端が尖っていて、刃のようである。

鯨などの獲物も、この鰭で切る。これを「しゃち切り」という。

「和漢三才図会」より
魚虎（鯱）

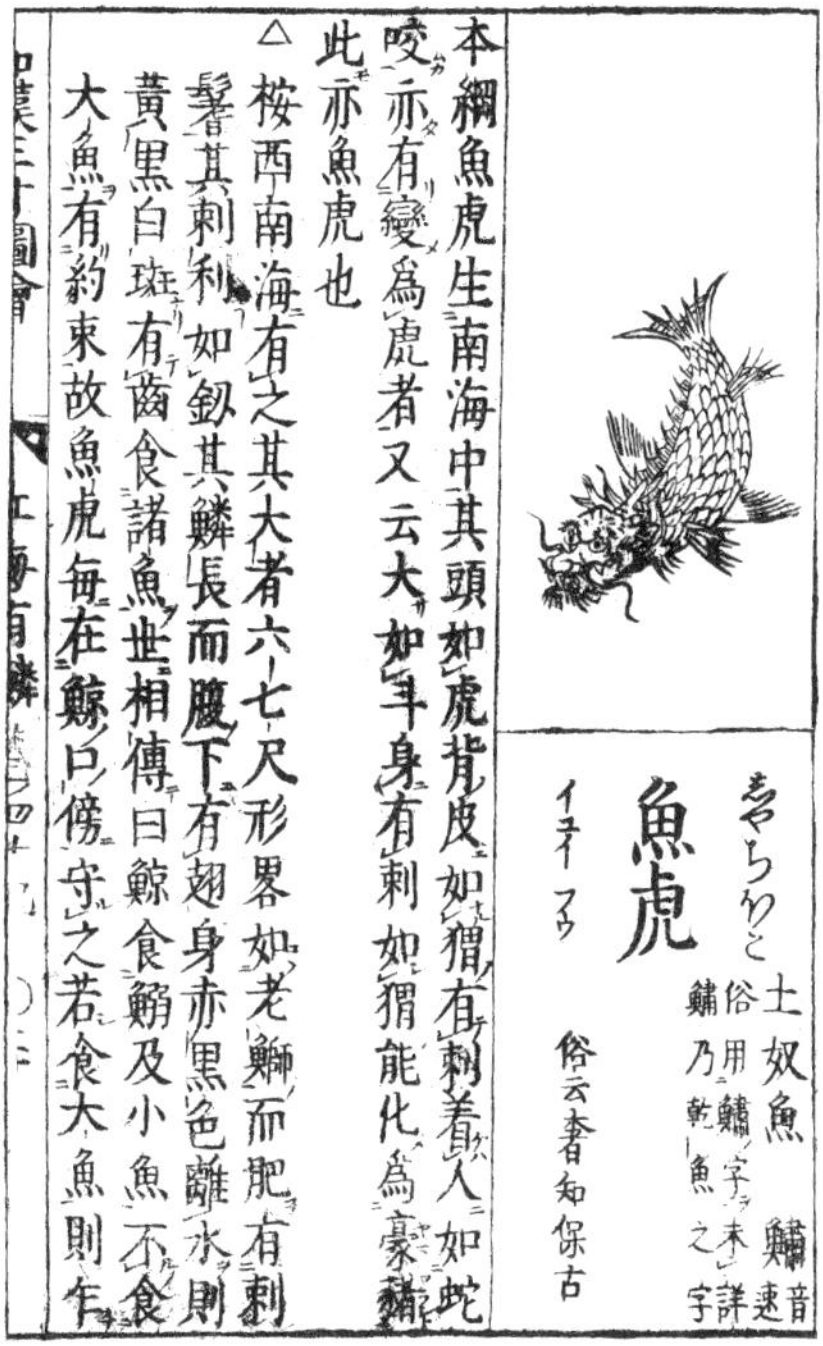

しゃちほこ

魚虎

イヨイ フウ

土奴魚

鱐 音速

俗用鱐字未詳 鱐乃乾魚之字

俗云奢知保古

本綱魚虎生南海中其頭如虎背皮如猬有刺着人如蛇咬亦有變爲虎者又云大如斗身有刺如猬能化爲豪豬此亦魚虎也

△桉西南海有之其大者六七尺形畧如老鰤而肥有刺鬐其刺利如鈊其鱗長而腹下有翅身赤黒色離水則黄黒白斑有齒食諸魚世相傳曰鯨食鰯及小魚不食大魚有約束故魚虎毎在鯨傍守之若食大魚則乍

和漢三才圖會 江海有鱗

ただし、「切る」といっても、鰭を相手に押し付けて、ごしごし切るのではない。触れただけで、すっと切れてしまう。

いるか――入鹿魚

◎**鼻の疵《きず》**――「**古事記**」**中つ巻**

建内宿禰命《たけのうちのすくねのみこと》は太子《おおみこ》をお連れして、禊《みそぎ》の場所を求め、近江・若狭を遍歴したが、やがて越前の敦賀に仮宮を造って太子をお迎えした。

その際、土地の神である伊奢沙和気大神之命《いざさわけのおおかみのみこと》が武内宿禰の夢枕に立ち、

「我が名を御子へ授けんと思う」

と告げた。

武内宿禰は恐懼《きょうく》して、

「謹んでお受け致します」

と答えた。

すると、神は続けて、

「明朝、浜へ出てみよ。太子改名を祝した験《しるし》を見るであろう」

と言った。

翌朝。

武内宿禰から話を聞いた太子が、お告げの通り浜へ出てみると、鼻に疵を負うた無数の入鹿魚が押し寄せて、浦を埋め尽くしていた。

太子は早速、使者を遣わし、

「この度、もったいなくも御食《みけ》の魚(食料となる魚)を頂戴致しました」

と神に謝した。

そして、神を讃えて、以後は御食津大神《みけつおおかみ》とお呼びすることにした。それが今の気比大神《けひのおおかみ》であらせられる。

なお、入鹿魚たちの疵から流れ出た血のせいで、浦には生臭い匂いが立ちこめた。そこで、浦は血浦《ちぬら》と呼ばれるようになった。今は都奴賀《ちぬが》という。

◎刀の行方――「太平記」巻第二十三

雲上から、楠木正成の亡霊が大音声で大森彦七盛長《おおもりひこしちもりなが》へ語りかけた。

「天下を覆すには、仏法の三毒すなわち貪欲・瞋恚《しんい》・愚痴を体現する三振りの霊剣が要る。懸命に探し尋《たず》ねた結果、一本は日吉大社の大宮社に、二本目は宿敵・足利尊氏の手にあることがわかったから、それぞれ策を弄して、まんまと奪ってのけた。

ところが、最後の一本が問題だった。

その刀は、かつて平家一門が壇ノ浦で敗れた折、悪七兵衛景清《あくしちびょうえかげきよ》が誤って海へ落としてしまった。それを一尾の入鹿魚《いるかが》が呑み込んだのだが、そやつは讃岐国の宇多津《うたづ》の沖に、刀は海底へ沈んだ。

ところが百余年が経ったある時、刀は漁師の網にかかって地上へ戻って来た。そして、因果は廻って、今は汝の手にある。

つまるところ、その刀さえ当方が手に入れれば三本が揃い、さすれば憎き尊氏から天下を奪い返すこともたやすいであろう。

さあ、その刀を渡してもらおうか」

こう正成が言った途端、辺りには雷鳴が轟き渡り、今にも盛長へ落ちかかりそうであった。

◎入鹿魚の薬効——「本朝食鑑」巻之九

近頃、痔や脱肛に効くとの評判がたち、入鹿魚の肉を味噌と一緒に煮て喰うことが流行っている。本当によく効くそうである。

葛飾北斎
「北斎漫画」より
水豹（あざらし）

飛獣の章

中村惕斎「訓蒙図彙」（1666）より

むささび——鼯鼠

◎水無瀬離宮の光物《ひかりもの》——「宇治拾遺物語」巻第十二・第二十二話

ある年、夜な夜な傘ほどの大きさの光物が山から出て、後鳥羽院の水無瀬離宮へ飛び入る怪異が起こった。

警固の侍たちは、

「正体を見破って、手柄にしよう」

と息巻いたが、さしたる成果も上がらぬまま時は流れていった。

そんな折、警備にあたっていた某が、ただ独り、池の中島に寝そべっていると、例の光物が飛んで来て、中島の上空へさしかかった。

起きるのももどかしかったので、仰向けのままで弓を十分に引き絞り矢を放ったところ、手応えがあり、光物は池へ落ち込んだ。

そこで人を呼び、火を点して確かめたところ、怖気《おぞけ》を震うほど大きな鼯鼠であった。年長けて毛も抜け禿げ、ふてぶてしい面構えをしていた。

◎**猫の血を吸う**――「梅翁随筆」巻之三

鎌倉の河岸に化け物が出た。

猫を襲い、血を吸っていたところを、鳶の者が走り寄って、棒で打ち殺した。見れば、顔つきは鼬《いたち》に似ていたが、目は兎のようだった。身体の大きさは縦横一尺二、三寸ほど。尾もあった。左右には、手のような翅《つばさ》のようなものが付いており、先端には爪があった。どうやらこれで宙を飛んだらしかった。

この生き物が何であるのか、その場の人々は誰も分からなかったので、寺子屋の師匠をしている町内の浪人に見せてみた。

すると、浪人は、

「これは野衾《のぶすま》(鼯鼠)だ。しかし、解せない。こいつは深い山中にしか棲まぬ。繁華な鎌倉に現れるのはおかしい。ひょっとすると、世の気象が狂ってきている証拠かもしれぬ。お上へ届けた方がよいぞ」

と勧めた。

そこで、人々は早速、御番所へ届け出た。

詮議の結果、この野衾は、ある男が家で飼っていたのを誤って取り逃がしたものと知れた。

男は、過日、東照宮修繕の用向きで日光へ赴いた。

その際、たまたま山中でこれを捕らえ、珍しい故に自宅へ持ち帰り、飼っていたのだという。

◎鼯鼠の飛行――「本朝食鑑」巻之五

鼯鼠は、常に樹の洞に穴居する。

飛ぶのが得意で、高いところから低いところへ赴くのだが、下から上へは飛べない。高いところへ上がりたい時には、他の獣のように歩く他ない。

ちなみに、鼯鼠は、夜に好んで鳴く。

昔、夜の山中で、まるで人を呼ぶような鳴き声を聞き、

「みみずくに似た声がするが、あれは何か」

と土地の者に訊ねたことがある。

すると、その者は、

「あれが鼯鼠の声です」

と教えてくれた。

「今昔画図続百鬼」より
野衾

389　むささび

ももんが――摸摸具和

◎**摸摸具和と梟《ふくろう》――「道聴塗説」第十六編**

薩摩の殿様は齢九十になってもいまだ意気軒高で、最近では様々な珍獣の飼養に熱を上げていた。

ある日、座興で摸摸具和と梟を戦わせ、機嫌よく見物するうち、梟に追い散らされた摸摸具和が殿様のところまで飛んで来て、理由は分からないが、ひと咬みした。

その後、殿様は具合が悪くなり、本復するのに何十日もかかった。

万一、それで落命していたら、末代まで噂の種となったであろう。

珍禽奇獣を養わずというのが、昔から君子の聖戒である。

まして、それらを戦わせることなどは、厳に慎まねばならない。

◎**松明へ飛び来たる――「本朝世事談綺」巻之五**

摸摸具和という獣は、野衾《のぶすま》ともいう。

身体の大きさや毛の色は鼬《いたち》に似ており、肉の翅があって、爪が付いている。拡げると翼、閉じると足という点では、蝙蝠に似通う。口吻が長く髭が生え、尾は七、八寸くらい。果実を好んで喰う。夜道を往く人の松明へ飛来してこれを断ち切り、烟火《えんか》を吹く。ために妖怪と恐れられている。

こうもり——蝙蝠

◎蝙蝠と山椒——「本朝食鑑」巻之五

蝙蝠は山椒を好む。

子どもたちは、その習性を利用して蝙蝠を捕まえる。

山椒の粉を小さな紙に包み、それを宙へ投げる。

匂いにつられ、落ちる小包に飛来するところを待ち受けて、巧みに捕まえるのだ。

なお、指に噛みつかれた時にも、山椒を与えると直ぐに離れてくれる。

人家の軒端《のきば》のほか、洞穴や石窟などにも棲む。

稀に白い蝙蝠もいる。

◎**蝙蝠と蚊**――「**日本歳時記**」**巻之四**

五月五日に田の浮き草を採り、晒《さら》して乾燥させてから蝙蝠の血を注ぎ、すり潰す。それをまた晒して乾かし、血を入れてすり潰し……と、何度か繰り返す。

その後、乾いたところを粉にし、練り固めて香にする。

この香を焚けば、蚊は寄ってこない。

◎**鍾馗と蝙蝠**――「**三養雑記**」**巻之三**

辟邪《へきじゃ》の神として信仰を集める鍾馗。

その画像の傍《かたわ》らに、しばしば蝙蝠が描かれているのは何故だろうか。

おそらく、蝙蝠の画は、迎福《げいふく》の祈願の現れだろう。

つまり、両者が合わさり、辟邪迎福図の出来上がりということになる。

そういえば、蝙蝠に鹿を添えて、福禄図とした縁起物もある。蝙蝠の「蝠《ふく》」を「福《ふく》」に、「鹿《ろく》」を「禄《ろく》」に通音させたわけである。

「絵本百物語」より
山地乳（やまちち）
蝙蝠が歳を経ると
野衾となり、
さらに歳を経ると
山地乳になるという

◎不運な蝙蝠――「提醒紀談」巻之五

江戸浅草の某商家で古い土蔵の雨除けを修繕しようということになったが、大工に下見をしてもらうと、予想以上に費用がかかることが分かった。主人が大工に腹を割って相談したところ、

「今回は何本か釘を打って少し手を入れるだけにしましょう。それだけやったら、あと数年はもつでしょう」

という返事だったので、主人は安堵して、そうしてもらった。

さて、大工の見立て通り、その後、三年ほどは経つとさすがに限界がきた。いよいよ今度こそ本格的な改修が必要である。

そこで、大工が手始めに外側の板を外したところ、その板と壁の隙間に、一匹の蝙蝠がいた。いたにはいたが、飛び去りもせずに、ただじっとしている。

奇異に思ってよく見れば、蝙蝠の片方の翼が、釘で打ち貫かれていた。大工が数年前に打った釘だった。

あれから何年もの間、羽搏《はばた》けど羽搏けど、釘の回りをまわるだけだったので、壁には輪の形の窪みが出来ていた。

そして、釘が打ち貫いた翼の穴の周囲には、肉の輪が出来ていた。

大工は、大きなため息をついた。

「知らずにやったこととはいえ、俺が打った釘のために、こいつは長い間、どれだけ苦しんだことか。可哀相なことをした……」

罪悪感に苛まれながらも、大工にはどうしても気懸りなことがあった。

ここへ釘付けにされて一切離れられなかったのに、どうやって生き延びたのだろうか。水や食べ物はどうしていたのだろうか。釘付けになった場所の下にたくさんの糞があるからには、何か飲み食いしていたことは間違いないのだが……。

そのうちに、物見高い近所の人たちが集まって来た。

すると、中の一人が言うには、

「そういえば、一匹の蝙蝠がそこへ餌を運び込んでいるのを、何度も見かけたぞ。不思議だと思っていたんだ」

それを聞いて、一同は悟った。

「その蝙蝠と釘付けの蝙蝠はおそらく夫婦《めおと》か何かで、動けぬ相手のために、朝夕、食べ物を運んでいたのだろう」

この話には主人も大いに心を動かされ、例の釘を抜き去ったのは勿論、雨除けの修理も取り止めてやった。

おかげで蝙蝠たちは従来通り、そこに棲み続けたという。

◎**白蝙蝠（一）——「日本書紀」巻第三十**

持統天皇八年（694）十月。

飛騨国荒城郡《あらきのこおり》の弟国部弟日《おとくにべのおとひ》が長寿の象徴である白蝙蝠を捕らえた。その褒美として、弟日は綿四屯《とん》、布十端《たん》等を賜った。更には、弟日の戸《へ》の課役は、一代に限って全て免除とされた。

◎**白蝙蝠（二）——「斉諧俗談」巻之四**

『和漢三才図会』の記述を紹介する。

「白蝙蝠の身体は雪のように純白で、頭上に冠を戴く。仙経（道教の経典）には『白蝙蝠の肉を喰らわば、千百年の齢を得る』とあるが、道士たちの妄言である。それが証拠に、唐の陳子真は鴉くらいの大きさの白蝙蝠を手に入れて喜んで喰ったところ、激しい下痢に見舞われた挙句に死んだ」

◎橘六《きつろく》の計略――「鳥辺山調綫」巻之二

橘六は、祇園町の遊女・お染にひと目ぼれしていたのだが、恋敵の宗三郎が金にものを言わせて、連日のようにお染を茶屋へ呼び、揚げ続けて独り占めしていることに、我慢がならなかった。

今宵も宗三郎はお染から離れず、禿や太鼓持ちなど大勢を引き連れ、夕涼みかたがた屋外で酒宴を催していた。

橘六が繁みから覗き見るうち、禿が湯浴みの用意が出来たとお染を呼びに来た。そこで、お染は促されるまま、奥へ入って行った。

今こそ、千載一遇の好機である。

橘六は、隣家に潜ませておいた者に密かに合図した。

すると、その者は、五、六匹の蝙蝠を放った。

蝙蝠たちは、宗三郎一行が酔い騒ぐ宴席の上をはばたきながら飛び回り、やがてどこかへ去った。

しばらくすると、宗三郎をはじめとする一座の者が、一斉に下腹にさしこみを覚えた。一人、また一人と、尻を押さえてかがみこみながら座を離れ、厠へと急いだ。しかし厠の数も限られ

ているから、たちまち満員となり、

「もう我慢できぬ」

と叫び出す者も出てきて、騒然となった。

ところが、宗三郎の場合は腹の痛みが尋常でなく、厠へ行って済む話ではなかったので、急いで駕籠を呼ばせてそれへ飛び乗り、家へ帰って行った。

橘六は、

「いい気味だ」

とほくそ笑みながら高みの見物を決め込んでいたが、宗三郎が家へ向かったのを見届けると、素知らぬ顔で茶屋へ人を遣わして、お染を自分の座敷へ呼ぶように申しつけた。

お染は湯浴みで奥へ引っ込んでいたから、別条はなかった。

ちなみに、騒ぎの種は、かの蝙蝠にあった。

蝙蝠の足には、小さな布袋が結わえつけてあった。

ただし、袋の口はわざと緩く結んであった。

そして、中には巴豆《はづ》（東南アジア産の常緑小低木の種子から製した下剤）の粉末が詰めてあった。

蝙蝠が頭上で飛び回ると、袋の中の粉が散って、宴席に並ぶ酒や料理に降りかかった。一堂

「鳥辺山調綫」より
宗三郎と橘六

399　こうもり

はそれを飲み食いしたから、猛烈な下痢に襲われたというわけであった。

家で様々に療治をして、ようやく本復した宗三郎は後でこの事を知り、大いに腹を立てたが、さしたる証拠がないので橘六を責めることが出来ず、地団太を踏むばかりだった。

◎蚊帳と蝙蝠――「閑窓瑣談」巻之一第九話

「九月に入ってもまだ吊る蚊帳は、四隅に雁金《かりがね》の絵を描くべし」という俗信がある。絵を描く代わりに、その形に切り抜いた紙を貼ってもよいとされた。

何故だろうか。

ちなみに、蝙蝠は蚊を好んで喰う。

その糞は夜明叉《やめいしゃ》と呼ばれ、眼病の療治に用いる。

思えば、夜明叉は蝙蝠の糞であるからには、蚊の目玉の塊であろう。とするならば、蚊帳に雁金を付けるのは間違いであって、蚊除けには本来は蝙蝠の画を以てするのが正しいのではないだろうか。

◎**琉球の蝙蝠**――「退閑雑記」巻之一

琉球産の蝙蝠を見る機会があった。

猫の子ほどの大きさがあった。

排泄時以外は、常に逆さまにぶら下がって生活している。摂食の際も逆さまのままだ。

これを見た人々が、

「逆さまのまま喰うのだから、喉に詰まってさぞや苦しかろう」

と言うので、

「それは人間の手前勝手な推量ですよ。向こうは向こうで我々を見て、『おやおや、人間って奴は変わってるぞ。俺たちが糞をする時の格好のまま暮らしていやがる』と笑っていることでしょう」

と混ぜ返しておいた。

葛飾北斎
「北斎漫画」より
鼯

異獣の章

中村惕斎「訓蒙図彙」(1666)より

はりねずみ——蝟

◎**蝟の皮の効能——「甲子夜話続篇」巻之三十五**

唐の「外台秘要《げだいひよう》」という医書によれば、蝟の皮を艾《もぐさ》に混ぜて燃やし、その煙を肛門に当てれば、脱肛が治るという。

らくだ——駱駝

◎**百済の貢物——「日本書紀」巻二十二**

推古天皇七年(599)秋九月。

百済から貢物があった。

駱駝一頭、驢馬一頭、羊二頭、白雉《しろきぎす》一羽であった。

◎**悪気を知る——「甲子夜話」巻之十七**

間宮筑前守の話。

「駱駝という獣は、悪気を察知するのに長けています。

普段は、どんな烈風の中でも平気な顔で立っています。

ところが、たとえそよ風でも、その中の邪気を感知すると、四本の脚を折って地に臥し、鼻を土に押し付けて風をやり過ごし、凪《な》いでからおもむろに立ち上がって歩み続けるのです。邪気は鼻から入るものと知っているのでしょう。だからそれを巧みに避けているのです。実に賢い獣です」

◎**お江戸の駱駝——「甲子夜話」巻之五十六**

享和三年（1803）に米国から駱駝がもたらされたが、お上《かみ》は受納しなかったので、一般の人たちの目に触れることはなかった。

ところが、文政七年（1824）に舶来した駱駝は多くの人たちが目にするところとなり、巷はその噂でもちきりだった。

ところで、先日、某席でその話が出た折、ある人が、

「駱駝の舶来は推古帝の御代に前例がある。国史に記載がある」

と言っていた。

それはかれこれ、一千二百二十余年も前の話である。
人々が駱駝を珍しがるのも無理はない。

ばく——貘

◎貘と悪夢——「日本歳時記」巻之七

貘の画を枕の下に敷いて眠ると、悪夢にうなされることがないと広く信じられている。貘は夢を喰らう獣と考えられているのだ。

◎仏牙《ぶつげ》と貘——「和漢三才図会」巻第三十八

貘の歯は極めて硬く、刀や斧を打ち下ろしても傷ひとつ出来ず、逆に刀や斧が刃こぼれしてしまう。火で焼くことも出来ない。

悪知恵の働く者は、この性質に目をつけ、貘の歯で仏牙の偽物を造って、人々を誑《たぶら》かす。

「駱駝之図」
文政四年は、
長崎への渡来年

さい——犀

◎日本の犀——「柳巷談苑」

「源頼朝は、泉小二郎に信濃国犀川の犀を捕らえるよう命じた」と、「東鑑」には記されている。

昔は日本にも犀がいたのだろうか。

それとも、何か他の動物と間違えていたのだろうか。

◎犀と狐——「和漢三才図会」巻第三十八

「本草綱目」に拠れば、毒矢の傷には犀の角を刺せば、直ちに癒える。また、犀の角を狐の穴に置いておくと、狐はその穴へ戻って来ようとはしない。

ぞう——象

◎六牙《ろくげ》の白象《びゃくぞう》——「十訓抄」上・三之十五

書写山の性空上人《しょうくうしょうにん》は、生身《しょうじん》の普賢菩薩と相まみえたいものだと、熱心に祈祷《きとう》を続けていた。

「善光寺道名所図会」より
犀川の犀

ある夜。経の転読に疲れ、ついまどろんでしまった上人は、夢告を得た。

「生身の普賢菩薩を見たくば、神崎《かんざき》の遊女の長者(女主人のこと)に会うべし」

そこで上人が神崎の長者屋敷へ赴くと、折しも酒宴の真っ最中で、女主人が鼓を打ちながら白拍子舞を歌い始めたところだった。

上人は一座の邪魔にならない場所に静かに座し、女主人へ畏敬の眼差しを注いだ。

すると……。

眼前に、突如、普賢菩薩が出現した。

六牙の白象に乗り、眉間から清き光を放って、地上の衆生を照らすのだった。まばゆさに目を閉じているのに、その姿はありありと見えた。

その時、尊い歌声がどこからともなく流れて来た。

感涙に咽《むせ》んでいた上人がはっと我に返り、目を開けると、座敷では先ほどと同じように、女主人が歌っていた。

そこで、上人が目を閉じると、またしても菩薩の姿と変じた。

上人は幾度も幾度も礼拝して、屋敷を辞した。

女主人はそれを察知すると、近道を通り、帰路を急ぐ上人の前に忽然と現れた。

そして、上人に向かい、

「今宵ご覧になったことは、誰にも話してはなりません」

と言い含めるや、その場で頓死した。

その途端、霊妙なる芳香が辺りにたちこめた。

上人は悲嘆の涙に暮れ、帰る道筋すらおぼつかなくなったという。

◎**象潟《きさかた》のこと**——**「孝経楼漫筆」巻之二**

象潟（現在の秋田県にかほ市）は歌枕として名高い。

象という字がつくため、

「我が国にも昔は象がいたのか」

「地形が象に似ているからこう名付けられたのか」

などと想像を逞しくする人が多いが、誤解である。

この辺りで獲れる魁蛤《かいごう》（おおはまぐり）あるいは蚶《かん》のことを、地元では「きざ貝」と呼んでいる。

従って、蚶《きさ》が獲れる潟、すなわち蚶潟《きさかた》が元々の呼称で、この「きさ」に「象」の字を宛て「象潟」と呼ぶようになったのであろう。

◎雌雄の象──「譚海」巻之十二

八代将軍徳川吉宗の御代、阿蘭陀から象二頭が長崎へもたらされた。ところが、雌象は現地で死んでしまったので、長崎奉行は皮を剥ぎ、牙を取って、雄象と共に船で江戸へ送った。ただし、海路の途中で船に浸水があり、象の皮や牙も水に浸かって台なしになった。

さて、無事江戸に到着した雄象は、将軍様にお見せするというので、江戸城へ向けて曳かれたが、途中、常盤橋を渡る際、あまりの重みで橋板を踏み抜いてしまい、大勢がようやくのことで助け上げるという始末であった。それ以来、象は橋を見るたびにひどく怯《おび》えて、なかなか渡ろうとしなかった。

さて、象は上覧の前、まず濱の御殿に留め置かれ、「象遣い」と称する者が世話をした。ところがこいつが悪者で、下賜された餌料の一部をくすね、そのせいで象にはほんの少しの餌しか与えられなかった。

不思議なことに、象はそれに気づいていたようで、ある日、象遣いの身体を長い鼻で巻いて高々と持ち上げ、かたわらの石へ叩きつけて殺してしまった。ちなみに、この象の好物は饅頭であった。

上覧後、象は四谷の外れに建てられた小屋に入れられ飼養された。町の者たちの見物にも供せられたが、数年後には死んだ。

象は、竹笹の葉もよく食べた。

葉のついたままの竹を何本か投げ与えると、鼻を器用に動かして竹をしごき、葉だけを地面へ散らす。そして竹は捨て、今度は鼻で地に落ちた葉を丁寧に集めて、旨そうに食べたのだった。

◎**象牙の秘密**――「梅村載筆」地之巻

印肉を製する時、象牙の粉を混ぜれば、色が滲まないという。

◎**象の噂**――「異説まちまち」巻之一

太閤の治世の頃、南蛮から象がもたらされた。白象だったという。

ある人は二階から見物したが、象があまりに大きくて、背中までは見えなかったらしい。象遣いの男は、火消しの鳶口のような物で打ち叩いて象を操っていた由《よし》。

ただこの象は、見物人の脇差の柄を長い鼻で巻き取り、あれよあれよという間に呑んでしまい、それがもとで死んだという。

ところで、享保年間（1716–36）にまたしても象が渡来するまでは、「象は竹を恐れる。だから、竹林には立ち入らない。象を苦手にする虎が好んで竹林に棲むのは、象が入って来ないことを心得ているからだ」

という説がまかり通っていた。

しかし、今回やって来た象を見れば、それがいかに荒唐無稽であったか分かる。

それが証拠に、象に笹の枝葉を与えると、長い鼻で取り持ち、湯立神事さながらに、水を浴びるのに使ったりする。

◎象と鼠——「閑窓自語」上巻

享保十年（1725）、広南国から象が舶載された。

象を船で運ぶには工夫が要る。

まず、船底に頑丈な箱を設える。そして、この箱の上部には小さな窓を四つ作り、網を張って中身が見えるようにしておく。次に、箱の中へ鼠を放して完成。この箱の上に象を乗せるのである。

象は鼠を極度に恐れるから、下にいる鼠が網の目から逃げ出さないように、己の四つの足で窓を塞ぎ、身じろぎもしない。

この習性を利用して、長い航海の間、象をおとなしくさせるのだ。

象は泳ぎが達者だから、こうでもしないと、直ぐに船から逃げ出し、泳いで母国へ帰ってしまうのだという。

◎**宮中での象**——「閑窓自語」上巻
かつて、日本へ連れて来られた象が宮中へ曳かれ、中御門院のご高覧を賜ったことがあった。

殿舎の前に引き出された象は、自然に前足を折ったという。

畜類といえども、帝位の尊いことを悟ったのであろうか。

◎**象の歯**——「三養雑記」巻之四
友人の言。

過日、ある人が、長崎から江戸へ上る西洋人に付添った折、播磨の海岸で奇妙な石を見つけた。

拾い上げて、

「これは何だろうか」

と見せると、西洋人はろくに答えもせず、ただ昂奮して、

「その石を私に譲ってくれないか」

と、しきりにせがんできたらしい。

そこで、

「そんなに言うなら、あげましょう。その代わり、この石が何なのか、きちんと教えてくれ」

と約して、手渡した。

すると、石をしげしげ眺めていた西洋人が言ったことには、

「これは、単なる石ころではなく、象の歯の化石です。大昔には至るところに象や犀などがいましたが、後代の風土の激変によって、棲んでいた土地自体が消失してしまうことも珍しくなかったのです。ですから、『今、目にできないものは昔もなかった』とは一概に言えません。例えば、この国には今でこそ象はいませんが、昔は棲んでいました。この化石がその動かぬ証拠なのです」

◎象牙の行方——「和漢三才図会」巻第三十八

「本草綱目」に拠れば、西域では象牙を椅子の飾りに使う。中国でも象牙は尊ばれ、笏《しゃく》の材料に

される。

象は、牙が抜け落ちると、自《みずか》らこれを埋め隠す。人間はそれを見透かして、木で造った偽の牙と密かにすり替えてしまう。ただ、象牙の質は、殺して採ったものが一番よい。自然死した象のものがこれに次ぐ。山野で抜け落ちたものを拾ってきても、ろくなものではない。

◎**象牙の薬効**――「甲子夜話」巻之四十六

象牙は疱瘡の妙薬である。

◎**象のお手並み**――「甲子夜話三篇」巻之十

享保年間(1716–36)、渡来した象が江戸の大通りを歩いた時には、山王神田の祭礼の日の如く、町は見物衆で埋め尽くされた。

象の背は町家の軒端《のきば》よりも高く、皆はその巨体に度肝を抜かれた。通りの両側の家々からは、住人が面白がって饅頭を投げ与えた。すると、象は長い鼻を器用に使って宙を飛ぶ饅頭を捕らえ、鼻を巻いては口へと運んだ。その度に見物衆からは歓声が上がった。

聞くところに拠れば、この象は最初、長崎に陸揚げされたのだが、長崎の街を歩いた際にも、同じように宙を飛ぶ饅頭類を鼻で取って、人気を博したという。更にその後、道の真ん中へ小児が飛び出して進路が遮《さえぎ》られると、その子の身体を鼻で優しく巻き、脇へそっと置いてから進んだという。これを見た人々は、

「図体が大きくて見かけは恐ろしいが、性根は柔和なんだ」

と感心したそうだ。

しし——獅子

◎獅子身中の虫——「沙石集」巻第四之一

仏は言った。

「獅子が他の獣に喰われて死ぬことはない。体内から出た虫に身を喰い尽くされるが故に、獅子は死に至る。仏法とて同じことだろう。

「尾張名所図会」より
享保年間に渡来した象

仏法を滅し得るのは、外から襲いかかる天魔外道ではなく、私の弟子なのだ」

◎**獅子の思慮――「沙石集」巻第六之十三**

「賢愚経《けんぐきょう》」に載る話。

昔、金色の獅子がいた。堅誓獅子《けんせいしし》と呼ばれていた。

ある時、ひとりの猟師が、

「あの獅子を射殺《いころ》して毛皮を剥ぎ、国王へ献上しよう」

と思い立った。

ただ、うまく仕留めるには計略が要る。

そこで猟師は髪を剃り袈裟をまとって僧形となり、獅子に近付いた。

袈裟の下には、弓と毒矢を隠し持っていた。

そうとは知らぬ獅子は、僧の姿を見るや、安心して近寄った。

猟師はその機を逃さず、素早く射た。

矢が身体に突き立って初めて、獅子は目の前の僧の正体が猟師であると悟った。

すぐに猟師に噛みつこうとしたが、

「たとえ善心を欠く者であっても、僧形が偽りであっても、袈裟をまとった時点で、すでに仏縁が生じている。すぐには無理でも、この先、いつの日か仏となるのであろう。まして今の姿は仏弟子そのものである。害するわけにはいかぬ」
と思い直し、命を奪わずにおいたという。

◎無敵の獅子――「和漢三才図会」巻第三十八

獅子が咆哮《ほうこう》すれば百獣はたじろぎ、馬は怯えて血尿を流す。

虎を押しつぶし、豹を呑み、犀を裂き、象も真っ二つにする。虎や豹は獅子を怖れるあまり、死んだ獅子の肉さえも口にしようとしない。

獅子が禽獣を食べる際には、まず息を吹きかける。すると羽毛がはらはらと剥落する。

獅子の毛を牛・馬・羊の乳の中へ投じると、水に化する。

◎獅子と牡丹(一)――「好古小録」下巻

西土《せいど》では、獅子と牡丹を取り合わせて錦に織ることが相当以前から行われており、我が国へもその古錦が伝来している。そうした図柄が画に描かれることもしばしばである。

獅子と牡丹の取り合わせが何を意味するか、浅学の当方には分からぬが、そう言えば、興福寺の僧が法会の際に持つ五獅子の如意にも、毛彫りの牡丹があしらわれている。

◎獅子と牡丹（二）――「塩尻」巻第四十三

曼荼羅の縁に牡丹を描くのは何故か。

一説には、獅子は好んで牡丹を喰う。獅子は仏母の三形《さんぎょう》（象徴）である。それ故に牡丹を配するか。

◎獅子と虎――「牛馬問」巻之一

華人曰く、

「獅子は毛並みや大きさはむく犬に似ています。

勇猛で知られる虎も、山野でひとたび獅子に出会うと、総身を縮めて仰向けに倒れ、目を塞ぎ口を開け、死んだ如く動きません。

獅子はこれを見るや静かに近付き、虎の開いた口へ放尿して悠々と去って行きます。この間、虎は身じろぎもしないんです。

そして、獅子が遠く去ったのを確かめてから、ようやく起き上がって、すごすご逃げて行きます。見苦しいこと、この上ないですよ。

虎ですらこのざまだから、他の動物の場合は推して知るべしです。

こうしたわけで、清では尿瓶《しびん》のことを別名、虎口《ここう》というのです」

◎親獅子と子獅子――「太平記」巻第十六

獅子は子を産んで三日経つと、数千丈の石壁から子を投げ落とす。

もし、子に獅子としての器量が具《そな》わっていれば、誰に教わるでもなく宙で身を翻すから、落ちて死ぬことはない。

◎仁鏡《にんきょう》と獅子――「大日本国法華験記」巻上第十六

東大寺の僧・仁鏡は九歳で寺へ入った。初めて習った経が、法華経の観世音菩薩普門品《ふもんぼん》だった。

以来、貪欲に学び、ついには法華経全巻を読誦するようになった。

更に他の経典も熱心に学び、戒律を犯すこともなかった。常に心身を清く保ち、午後は食事を一切摂らなかった。

やがて霊験が現れ、仁鏡が呼ぶと護法童子が顕現し、その命に従うようになった。

仁鏡は、その後、深山に籠って数十年もの間、修行に明け暮れた。

燈火が消え尽きると、何者かが直ぐに火を点しなおしてくれた。ただ、その際に見えるのは火を持つ手と腕だけで、それ以外の身体は見えなかった。

またある時、仁鏡が深夜に手を洗おうと水瓶を傾けたが、一滴の水も入っていなかったことがあった。仕方なく谷川へ汲みに行こうとすると、水瓶はたちまち清らかな水で満たされた。

やがて齢八十を超え、余命いくばくもないと悟った仁鏡は、今まで以上に清浄な地で臨終を迎えたいと願った。

果たして、どこが良いか。

仁鏡は、都の西にある愛宕山を選んだ。

愛宕山が地蔵菩薩の安住の地にして、文殊菩薩ゆかりの唐・五台山に匹敵する霊山でもあったからだ。

そこで早速、入山して、大鷲峰《おおわしがみね》に住まいした。

それからというもの、仁鏡は昼夜ひたすら法華経を読誦し続けた。

衣類など全く構わず、破れた紙衣《かみこ》か鹿の皮をかろうじて身にまとうだけで、寒さにも頓着しなかった。

食事を摂るのも億劫で、数日の間で口にしたのが茶か粥一杯ということもあった。

また、獅子が出現して仁鏡に懐《なつ》き、白象が現れて昼夜寄り添ってくれたりした。この奇瑞を目の当たりにした仁鏡は、文殊菩薩や普賢菩薩が己を守護して下さっているのだと実感した。

そして、百二十七歳で入寂《にゅうじゃく》したという。

ひょう——豹

◎ **末期の豹——「和漢三才図会」巻第三十八**

「広志《こうし》」（晋の郭義恭撰）に拠れば、狐は死ぬ時、己の首を棲んでいた丘の方へ向けるが、豹の場合は、棲んでいた山の方へ首を向けて死ぬという。

きりん——麒麟

◎ **奇妙な角——「日本書紀」巻第二十九**

天武天皇九年（680）二月二十六日、ある者がこう奏上した。

「過日に葛城山で得た鹿の角につき、ご報告申し上げます。

この角は、根元は二本ですが先の方で繋がって一本になっております。しかもその繋がった個所に肉が付いて、毛まで生えております。毛の長さは一寸くらいでしょうか。あまりにも奇異な角ですので、謹んで献上申し上げる次第です」

おそらくは霊獣・麒麟の角だったのだろう。

◎**麒麟の出現――「塩尻拾遺」巻之四十五**
麒麟は獣虫の長《おさ》・秋の獣、鳳凰は羽虫の長・夏の鳥、亀は介虫の長・冬の甲物、竜は鱗虫の長・春の鱗物。

これら四類を総称して、四霊という。

このうち、麒麟と鳳凰は、聖代でなければ姿を現さない。

竜は雲中変化《へんげ》の霊獣であるから、誰彼《だれかれ》となく遭えるわけではない。

それ故、四霊の中で唯一、日常的に目に出来るのは亀だけということになる。

なぜ亀のみが例外なのか、博識の士にご教示願いたいと思う。

◎**群居せず**——「和漢三才図会」巻第三十八

「本草綱目」に拠れば、麒麟の身体は五色で、腹の下は黄色い。高さは一丈二尺で、蹄は円く、一角である。

生きた虫や生い茂った草を決して踏まず、群居しない。落とし穴へ落ちることはなく、網にもかからない。王者の政《まつりごと》が仁に適《かな》っていれば、必ず出現する。

◎**道を究める**——「十訓抄」下・十之六十九

何事も一旦手掛け始めたならば、奥義を極めて奇瑞を顕《あらわ》す域まで達したいものであるが、実際には至難である。

「学ぼうとする者は牛毛の様に多いが、究める者は麒麟の角のように稀少である」「為すことは難しくない。よく為すことが至難なのだ」

と昔から言い慣《なら》わされているが、正にその通りだ。

にんぎょ――人魚

◎**喰うべきか喰わざるべきか**――**「古今著聞集」巻第二十**

伊勢国別保《べっぽ》へ平忠盛《たいらのただもり》が下向していた時のこと。

ある日、地元の漁師の網に、奇妙な生きものが掛かった。

体形は大魚だが、頭は人間そっくりだった。とはいえ、細かく小さな歯はやはり魚を思わせ、突き出た口吻は猿に似ていた。

全部で三匹捕まえたのを二人がかりで背負って運んだのだが、尾は先端が地面に擦《す》れるほどに長かった。

また、誰かがそばへ寄ると、涙を流しながら叫び騒いだが、その様子は人間と変わらなかった。

漁師たちは、一匹を手元へ残し、二匹を忠盛へ献上した。

ところが気味悪がった忠盛は受け取らなかったので、漁師たちは持ち帰り、三匹とも捌《さば》いて喰ってしまった。

味は、滅法良かったという。

その後、食べた者たちの具合が悪くなった話も聞かない。

あれが世にいう人魚だったのであろうか。

◎**浦嶋太郎の子**――「**箱入娘面屋人魚**」

中洲の利根屋の娘・お鯉は浦嶋太郎と懇《ねんご》ろになり、やがて身ごもった。世を忍ぶ仲なので、浦嶋は色々と心を痛め、密かに産ませた。

すると、人間と魚の間に出来た子ゆえ、その姿を見れば、頭は人だが身体は魚であった。これが世にいう人魚である。

◎**人か魚か**――「**斉諧俗談**」**巻之五**

推古天皇の御代、摂津国堀江にて妙な生きものが網にかかった。小児に似ていたが、魚のようでもあり人間のようでもあり、どっちつかずの姿形だった。人々はそれを何と呼んでいいのか分からず、困ったという。

そうした不思議な生きものは、西国の沖合でも、時々見つかるらしい。頭は婦女なのに身体は魚で、皮膚は浅黒くて鯉を思わせた。体側には大きな鰭《ひれ》があり、水掻きが具わった手のようだった。また、脚はなく、尾は二股に分かれていた。

急に風雨が強まり海が荒れそうになる時、忽然と現れるのだという。

漁師たちは大いに気味悪がって、たとえ網にかかっても、船には引き上げずに、逃がしてしまうらしい。

◎**人魚の膏油《こうゆ》**――「**南総里見八犬伝**」**第九輯《しゅう》**

人魚の肉を喰らえば、三千年の齢を重ねられる。

しかし、残念ながら、膏油に肉ほどの効験はない。

ただ、これを燈油として用いれば、雨風に遭っても日月の如く光を放ち続ける。

また、人間の目鼻口耳臍肛門、すなわち九孔に塗って水へ入ると、たとえ厳寒の日であっても身体は熱を保って凍死を免れ、潜って海を渡ることも可能だ。

更に、これを刀剣に塗りつければ、鉄を斬ることも出来る。

◎**明神の怒り**――「**諸国里人談**」**巻之一**

若狭国大飯郡御浅嶽《おおいぐんみせんだけ》は魔所として恐れられ、八合目より上へは誰も足を踏み入れない。昔から、

「箱入娘面屋人魚」より
浦嶋太郎の子

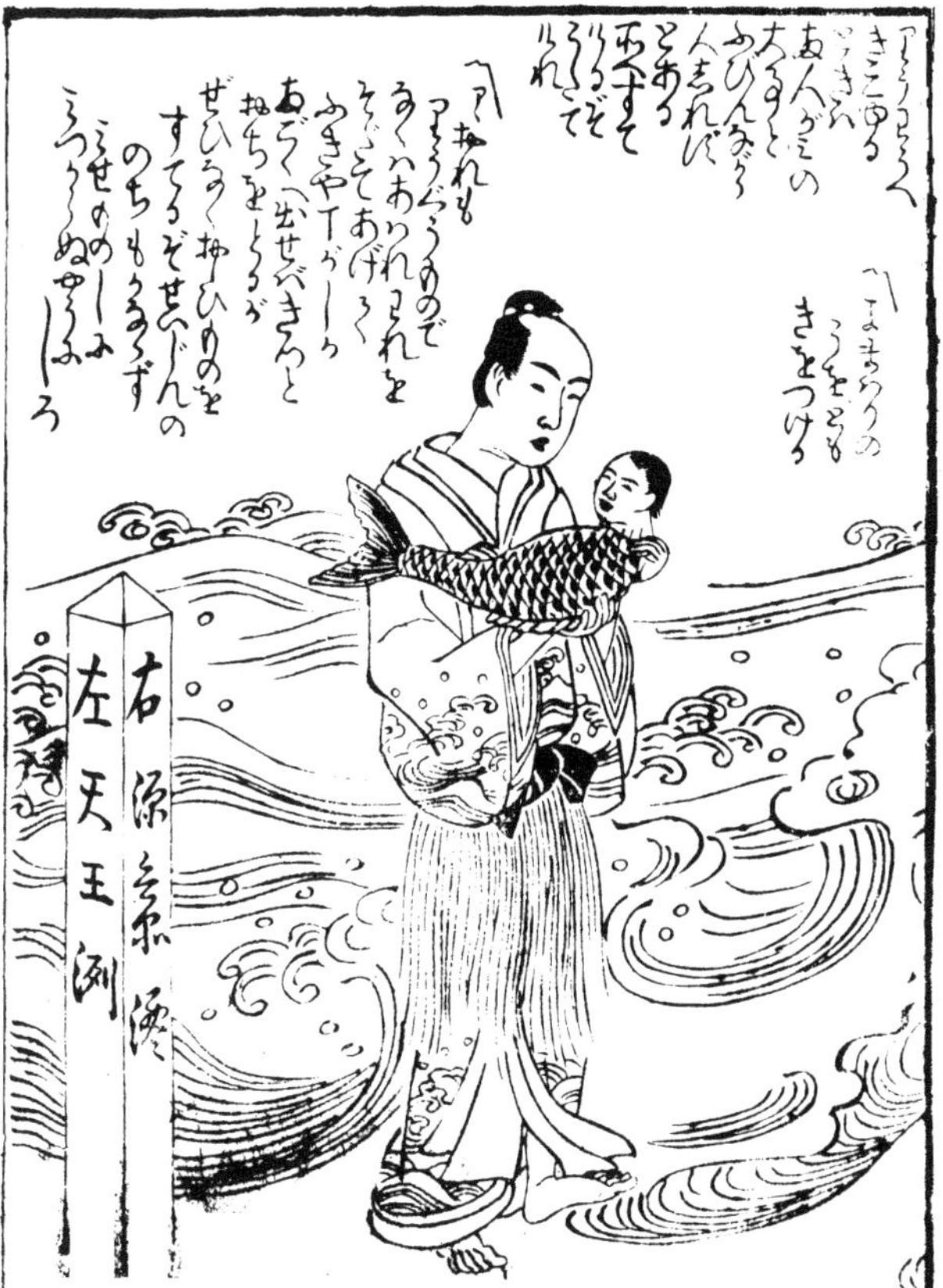

御浅明神の神使いは人魚であると言い伝わっている。

さて、宝永年間（1704–11）のこと。

漁に出た乙見《おとみ》村の漁師が、岩の上に横たわる怪しい者に遭った。

頭部は人間で、鶏冠《とさか》のような赤いひらひらとしたものを首元に纏《まと》っている。ただ、首から下は魚そのものであった。

驚いた漁師は、よく考えもせず、持っていた櫂《かい》で咄嗟に打ち据えて、殺してしまった。死骸は海へ投げ入れて、そのまま村へ帰った。

それからというもの、七日にわたって暴風が続き、海鳴りが止まなかった。

そして、一ヶ月ほど経ったある日、大地震が起こり、御浅嶽から海辺まで大地が裂け、乙見村一帯は呑み込まれてしまった。

人魚を殺された明神の祟りであった。

◎若狭国の人魚——「北国奇談巡杖記」巻之五

上下大明神（若狭彦神社）は、若狭国随一の宮にして、高名な霊社である。

ご祭神二柱は夫婦神で、竜宮城よりこの地へ至り来て長く暮らしたが、不老無病な上、端麗

人魚
「南総里見八犬伝」より

な容姿に些《いささ》かの衰えもなかったので、人々は、

「見やれ、ご両人の若さよ」

と讃嘆した。その言葉がこの地の国名の由来である由。

また一説によれば、若狭には人魚が棲むという。

美しい顔立ちで上半身は人間そのものだが、腰から下はびっしりと鱗で覆われた魚身であった。実に妖しい生きものである。

「この肉を喰らった者は長寿であった」

と、古書にも記されている。こうしたことも、「若狭」という呼称の発生と関係があるのかもしれない。

◎**海の色**――**「吾妻鏡」巻三十八・五月二十九日条**
去る十一日、陸奥国津軽の海岸に大魚の死骸が流れ着いた。

といっても、その姿形は人間の水死体のようでもあった。

そういえば過日、鎌倉由比ガ浜の海水が赤く染まる変事があったが、ひょっとしたらこの怪魚の死と関係があるのかもしれない。

◎**蒲生川の怪**――「日本書紀」巻第二十二

推古天皇二十七年(619)夏四月。

近江国から報告がもたらされた。

「蒲生川《がもうがわ》に、人間の形をした妖しきものが現れました」

◎**堀江の網**――「日本書紀」巻第二十二

推古天皇二十七年(619)秋七月。

摂津国の漁師が堀江に網を仕掛けておいたところ、獲物がかかった。見れば、幼児のようでもあり魚のようでもあり、なんとも呼びようのない生きものだった。

◎**人魚の香り**――「武道伝来記」巻二第四

奥州の海では、見慣れぬ怪魚が揚がることが多い。

俗伝に拠れば、宝治元年(1247)三月二十日に、津軽の大浦の岸へ初めて人魚が流れ寄った。頭には紅の鶏冠《とさか》があり、美しい顔立ちをしていた。魚身は金色の鱗で覆われており、かぐわしい香りがした。雲雀笛《ひばりぶえ》のような静かな声をしていた。

◎その名を忌む――「甲子夜話」三篇巻十七之十六

平戸の鉄砲足軽・森滝蔵が出府の途中、船で讃岐国の四嶋の沖合にさしかかると、船から六、七間離れた海面を黄色っぽい魚が浮き沈みしているのが見えた。

体長は二尋《ひろ》くらいで、全身がはっきり見えたわけではないけれども、頭は人間の婦女で、色は白く、乱れ髪であった。

船は帆に風をはらんで進んでいたが、その怪しいものは潮に逆らって泳いでいた。

不審に思った滝蔵が、

「一体、あれは何だ」

と船頭に訊いたが、船頭はその名を船中で口にすることを忌み、敢《あ》えて知らない振りをした。

あれこそ、まさしく人魚であろう。

「本朝年代記図会」より
近江蒲生川の妖異

葛飾北斎
「北斎漫画」より
象

出典一覧（書名の五十音順）

「吾妻鏡《あずまかがみ》」歴史書。鎌倉幕府による編纂。十三世紀後半頃の成立か。

「天草本伊曾保物語《あまくさぼんいそほものがたり》」物語集。宣教師ハビアン訳。文禄二年（1593）刊。

「壱岐国風土記《いきのくにふどき》」地誌。風土記は和銅六年（713）の詔をうけ諸国が進上。「壱岐国風土記」は逸文のみ現存。

「異説まちまち《いせつまちまち》」随筆。和田烏江《わだうこう》著。十八世紀中頃の成立か。

「一宵話《いっしょうわ》」随筆。秦鼎《はたかなえ》著。江戸後期成立。

「一話一言《いちわいちげん》」随筆。大田南畝《おおたなんぽ》著。文政三年（1820）成立。

「筠庭雑録《いんていざつろく》」随筆。喜多村信節《きたむらのぶよ》著。江戸後期成立。

「宇治拾遺物語《うじしゅういものがたり》」説話集。編者未詳。十三世紀半ごろ成立か。

「雲萍雑志《うんぴょうざっし》」随筆。著者未詳。天保十四年（1843）刊。

「煙霞綺談《えんかきだん》」随筆。西村白烏《にしむらはくう》著。安永二年（1773）刊。

「燕石雑志《えんせきざっし》」随筆。曲亭馬琴《きょくていばきん》著。文化八年（1811）刊。

「翁草《おきなぐさ》」随筆。神沢杜口《かんざわとこう》著。寛政三年（1791）成立。

「嗚呼矣草《おこたりぐさ》」随筆。田宮仲宣《たみやなかのぶ》著。江戸後期成立。

「傍廂《かたびさし》」随筆。斎藤彦麻呂《さいとうひこまろ》著。文久元年（1861）刊。

「甲子夜話《かっしやわ》」随筆。松浦静山《まつらせいざん》著。文政四年（1821）から天保十二年（1841）の記述あり。正篇百巻・続篇百巻・三篇七十八巻。

「間思随筆《かんしずいひつ》」随筆。加藤景範《かとうかげのり》著。江戸中期成立。

「閑窓瑣談《かんそうさだん》」随筆。佐々木貞高《ささきさだたか》著。天保十二年(1841)刊。

「閑窓自語《かんそうじご》」随筆。柳原紀光《やなぎはらのりみつ》著。寛政五年(1793)から数年の間に執筆されたらしい。

「閑田耕筆《かんでんこうひつ》」随筆。伴蒿蹊《ばんこうけい》著。享和三年(1803)刊。

「閑田次筆《かんでんじひつ》」随筆。伴蒿蹊著。江戸後期成立。

「閑度雑談《かんどざつだん》」随筆。中村新斎《なかむらしんさい》著。嘉永元年(1848)の序あり。

「関秘録《かんぴろく》」随筆。著者未詳。最新記事は宝暦十一年(1761)。

「義残後覚《ぎざんこうかく》」世間話集。愚軒《ぐけん》編。十六世紀末頃の成立か。

「宮川舎漫筆《きゅうせんしゃまんぴつ》」随筆。宮川政運《みやがわまさやす》著。文久二年(1862)刊。

「牛馬問《ぎゅうばもん》」随筆。新井白蛾《あらいはくが》著。宝暦六年(1756)刊。

「寓意草《ぐういそう》」随筆。岡村良通《おかむらよしみち》著。文化年間(1804－1818)に大田南畝が書写。

「愚雑俎《ぐざっそ》」随筆。田宮仲宣《たみやなかのぶ》著。前集は文政八年(1825)、後集は天保四年(1833)刊。

「元禄世間咄風聞集《げんろくせけんばなしふうぶんしゅう》」聞書集。編著者未詳。元禄七年(1694)から元禄十六年(1703)の世間咄を収録。

「孝経楼漫筆《こうきょうろうまんぴつ》」随筆。山本北山《やまもとほくざん》著。嘉永三年(1850)刊。

「好古小録《こうこしょうろく》」随筆。藤貞幹《とうていかん》著。江戸後期成立。

「古今雑談思出草紙《ここんぞうだんおもいでそうし》」随筆。東随舎《とうずいしゃ》著。天保十一年(1840)の自序あり。

「古今著聞集《ここんちょもんじゅう》」説話集。橘成季《たちばなのなりすえ》編。建長六年(1254)成立。

「古事記《こじき》」歴史書。太安万侶《おおのやすまろ》撰録。和銅五年(712)完成。

「古事談《こじだん》」説話集。源顕兼《みなもとのあきかね》編。十三世紀初頭成立。

「今昔物語集《こんじゃくものがたりしゅう》」説話集。作者未詳。平安時代末期の成立か。

「筱舎漫筆《ささのやまんぴつ》」随筆。西田直養《にしだなおかい》著。天保十二年(1841)頃の成立か。

「沙石集《させきしゅう》」仏教説話集。無住《むじゅう》編纂。弘安六年(1283)成立。

「猿著聞集《さるちょもんじゅう》」読本。岳亭定岡《がくていこう》著。文政十一年(1828)刊。

「三養雑記《さんようざっき》」随筆。山崎美成《やまざきよしげ》著。天保十一年(1840)刊。

「三余叢談《さんよそうだん》」随筆。長谷川宣昭《はせがわのりあき》著。巻之一のみ文政五年（1822）刊。巻之二・三は写本。

「塩尻《しおじり》」随筆。天野信景《あまのさだかげ》著。天明二年（1782）に堀田方旧《ほったまさひさ》が編纂。

「塩尻拾遺《しおじりしゅうい》」随筆。天野信景著。写本に安政五年（1858）の識語あり。

「十訓抄《じっきんしょう》」説話集。編者未詳。建長四年（1252）成立。

「信濃奇談《しなのきだん》」地誌。堀内元鎧《ほりうちげんがい》著。文政一二年（1829）父・中村元恒《なかむらもとつね》の序あり。

「島根のすさみ《しまねのすさみ》」日記。川路聖謨《かわじとしあきら》著。天保十一年（1840）年六月から翌年五月までの記述あり。

「春波楼筆記《しゅんぱろうひっき》」随筆。司馬江漢《しばこうかん》著。文化八年（1811）脱稿。

「想山著聞奇集《しょうざんちょもんきしゅう》」随筆。三好想山《みよししょうざん》著。嘉永三年（1850）刊。

「諸国百物語《しょこくひゃくものがたり》」怪談集。編者未詳。延宝五年（1677）刊。

「諸国里人談《しょこくりじんだん》」随筆。菊岡沾涼《せんりょう》著。江戸中期成立。

「柳巷談苑《しんこうだんえん》」随筆。榊原篁洲《さかきばらこうしゅう》著。寛政元年（1789）刊。

「新著聞集《しんちょもんじゅう》」説話集。神谷養勇軒《かみやようゆうけん》著。寛延二年（1749）。

「菅江真澄遊覧記《すがえますみゆうらんき》」日記・地誌。菅江真澄著。文政五年（1822）に佐竹藩校明徳館へ献納。

「砂払《すなはらい》」随筆。山中共古《やまなかきょうこ》著。昭和元年（1926）刊。

「斉諧俗談《せいかいぞくだん》」随筆。大朏東華《おおでとうか》著。江戸中期成立。

「静軒痴談《せいけんちだん》」随筆。寺門静軒《てらかどせいけん》著。江戸後期成立。

「西播怪談実記《せいばんかいだんじつき》」読本。春名忠成《はるなただなり》著。江戸中期成立。

「西遊記《せいゆうき》」旅行記・随筆。橘南谿《たちばななんけい》著。十八世紀末の刊。

「世事百談《せじひゃくだん》」随筆。山崎美成《やまざきよししげ》著。江戸後期成立。

「草廬漫筆《そうろまんぴつ》」随筆。武田信英《たけだのぶひで》著。江戸後期成立か。

「続古事談《ぞくこじだん》」説話集。編者未詳。十三世紀初頭成立。

「曽呂利物語《そろりものがたり》」仮名草子。編者未詳。寛文三年（1663）刊。

「退閑雑記《たいかんざっき》」随筆。松平定信著。正篇は寛政九年（1797）、続篇は寛政十二年（1800）成立。

「大日本国法華験記《だいにほんこくほっけげんき》」仏教説話集。鎮源《ちんげん》著。平安中期の成立か。

「太平記《たいへいき》」軍記物語。作者未詳。十四世紀の終わりごろ成立か。

「待問雑記《たいもんざっき》」随筆。橘守部《たちばなもりべ》著。江戸後期成立。

「谷の響《たにのひびき》」随筆。平尾魯僊《ひらおろせん》著。万延元年（1860）成稿。

「譚海《たんかい》」随筆。津村正恭《つむらまさゆき》著。寛政七年（1795）の自序あり。

「中外抄《ちゅうがいしょう》」聞書集。藤原忠実《ふじわらただみね》談。中原師元《なかはらもろもと》筆録。保延三年（1137）から久寿元年（1154）の間の記述あり。

「中陵漫録《ちゅうりょうまんろく》」随筆。佐藤成裕《さとうせいゆう》著。江戸後期成立。

「椿説弓張月《ちんせつゆみはりづき》」読本。曲亭馬琴《きょくていばきん》作。十九世紀初頭の刊。

「徒然草《つれづれぐさ》」随筆。吉田兼好《よしだけんこう》著。鎌倉末期の成立か。

「提醒紀談《ていせいきだん》」随筆。山崎美成《やまざきよししげ》著。嘉永三年（1850）刊。

「道聴塗説《どうちょうとせつ》」随筆。大郷信斉《おおさとしんさい》著。江戸後期成立。

「東遊記《とうゆうき》」旅行記・随筆。橘南谿《たちばななんけい》著。十八世紀末の刊。

「東遊雑記《とうゆうざっき》」紀行集。古川古松軒《ふるかわこしょうけん》著。天明八年（1788）五月から十月にかけての奥羽紀行の模様を記す。

「東牖子《とうゆうし》」随筆。田宮仲宣《たみやなかのぶ》著。享和三年（1803）刊。

「兎園小説《とえんしょうせつ》」随筆。曲亭馬琴《きょくていばきん》編。文政八年（1825）の兎園会を記録。

「兎園小説拾遺《とえんしょうせつしゅうい》」随筆。曲亭馬琴編。成立年不詳。

「宿直草《とのいぐさ》」仮名草子。作者未詳。江戸前期成立。

「它山石初篇《とやまのいししょへん》」随筆。松井羅州《まついらしゅう》著。弘化二年（1845）刊。

「鳥辺山調綫《とりべやましらべのいとみち》」読本。鶴鳴堂主人《かくめいどうしゅじん》作。文政八年（1825）刊。

「浪華百事談《なにわひゃくじだん》」地誌。著者未詳。明治二十八年（1895）以後の成立。

「南総里見八犬伝《なんそうさとみはっけんでん》」読本。曲亭馬琴《きょくていばきん》作。天保十二年（1841）完結。

「南嶺子《なんれいし》」随筆。多田南嶺《ただなんれい》著。江戸中期成立。

「西山物語《にしやまものがたり》」読本。建部綾足《たけべあやたり》著。明和五年（1768）刊。

「日本永代蔵《にっぽんえいたいぐら》」浮世草子。井原西鶴《いはらさいかく》作。貞享五年（1688）刊。

「日本歳時記《にほんさいじき》」歳時記。貝原好古《かいばらこうこ》著。貞享五年（1688）刊。

「日本書紀《にほんしょき》」歴史書。舎人《とねり》親王ら撰。養老四年（720）成立。

「日本霊異記《にほんりょういき》」仏教説話集。景戒《けいかい》著。弘仁年間（810–24）成立。

「寝ざめの友《ねざめのとも》」随筆。近藤万丈《こんどうまんじょう》著。弘化四年（1847）成立。

「寐ものがたり《ねものがたり》」随筆。鼠渓《そけい》著。安政三年（1856）の自序あり。

「梅翁随筆《ばいおうずいひつ》」随筆。著者未詳。寛政年間（1789–1801）を中心にした風聞を記す。

「梅村載筆《ばいそんさいひつ》」随筆。藤原惺窩《ふじわらせいか》談。林羅山《はやしらざん》筆録。江戸前期成立。

「箱屋娘面屋人魚《はこいりむすめめんやにんぎょ》」浮世草子。山東京伝《さんとうきょうでん》作。寛政三年（1791）刊。

「播磨国風土記《はりまのくにふどき》」地誌。風土記は和銅六年（713）の詔をうけ諸国が進上。

「半日閑話《はんにちかんわ》」随筆。大田南畝《おおたなんぽ》著。江戸後期成立。

「常陸国風土記《ひたちのくにふどき》」地誌。風土記は和銅六年（713）の詔をうけ諸国が進上。「常陸国風土記」は一部が欠損。

「百物語評判《ひゃくものがたりひょうばん》」怪談本。山岡元隣《やまおかげんりん》著。貞享三年（1686）刊。

「楓軒偶記《ふうけんぐうき》」歴史書。小宮山楓軒《こみやまふうけん》著。文化四年（1807）頃成立。

「富家語《ふけご》」聞書集。藤原忠実《ふじわらただざね》談。高階仲行《たかしななかゆき》筆録。仁平元年（1151）から応保元年（1161）までの談話を収録。

「藤岡屋日記《ふじおかやにっき》」日記。藤岡屋由蔵《ふじおかやよしぞう》著。文化元年（1804）から明治元年（1868）の出来事を採録。

「物類称呼《ぶつるいしょうこ》」方言辞典。越谷吾山《こしがやござん》編纂。安永三年（1774）刊。

「筆のすさび《ふでのすさび》」随筆。菅茶山《かんちゃざん》著。天保七年（1836）頃に成立か。

「武道伝来記《ぶどうでんらいき》」浮世草子。井原西鶴《いはらさいかく》作。貞享四年（1687）刊。

「平家物語《へいけものがたり》」軍記物語。作者未詳。鎌倉時代の成立か。

「卯花園漫録《ぼうかえんまんろく》」随筆。石上宣続《いしがみのぶつぐ》著。成立年未詳。

「北越奇談《ほくえつきだん》」随筆。橘崑崙《たちばなこんろん》。文化九年（1812）刊。

「北越雪譜《ほくえつせつぷ》」随筆。鈴木牧之《すずきぼくし》著。天保八年（1837）刊。

「北窓瑣談《ほくそうさだん》」随筆。橘南谿《たちばななんけい》著。江戸後期成立。

「反古のうらがき《ほごのうらがき》」随筆。鈴木桃野《すずきとうや》著。江戸後期成立。

「北国奇談巡杖記《ほっこくきだんじゅんじょうき》」随筆。鳥翠台北茎《ちょうすいだいほっけい》著。文化四年(1807)刊。

「本朝食鑑《ほんちょうしょっかん》」本草書。人見必大《ひとみひつだい》著。元禄十年(1697)刊。

「本朝世事談綺《ほんちょうせじだんき》」随筆。菊岡沾涼《きくおかせんりょう》著。江戸中期成立。

「松屋叢話《まつのやそうわ》」随筆。小山田与清《おやまだともきよ》著。文化十一年(1814)刊。

「水鏡《みずかがみ》」歴史物語。著者未詳。十二世紀末ごろの成立。

「耳嚢《みみぶくろ》」随筆。根岸鎮衛《ねぎしやすもり》著。江戸後期成立。

「大和国風土記《やまとのくにふどき》」地誌。風土記は和銅六年(713)の詔をうけ諸国が進上。「大和国風土記」は逸文のみ現存。

「楽郊紀聞《らくこうきぶん》」随筆。中川延良《なかがわえんりょう》著。安政七年(1860)の跋文あり。

「柳亭記《りゅうていき》」随筆。柳亭種彦《りゅうていたねひこ》著。江戸後期成立。

「和漢三才図会《わかんさんさいずえ》」類書(百科事典)。寺島良安《てらじまりょうあん》著。正徳二年(1712)の自序あり。

以上

あとがき

動物愛護を声高に主張しながら、タヌキとハクビシンの区別がつかぬ人は多い。奈良公園では奇声を上げながら鹿に煎餅《せんべい》をたらふく喰わせるくせに、飼い猫にはろくに餌をやらない者もいる。

現代人の動物への態度はどうもチグハグだ。その原因のひとつは、相手をよく知らないことにある。

となれば、古典文学を読むに如《し》くはない。

遠い昔からのお付き合いの具合や度合が知れようから。本書はそのためにある。

それにしても、相手は曲者揃いだ。「人間は万物の霊長」などと粋がっていると、足元をすくわれるからご用心ご用心。

上方文化評論家　福井栄一

著者紹介

福井栄一［ふくい・えいいち］

上方文化評論家。一九六六年、大阪府吹田市生まれ。京都大学法学部卒。京都大学大学院法学研究科修了。法学修士。四條畷学園大学看護学部客員教授、京都ノートルダム女子大学人間文化学部非常勤講師、関西大学社会学部非常勤講師。朝日関西スクエア・大阪京大クラブ会員。上方の芸能や歴史文化に関する講演、評論、テレビ・ラジオ出演など多数。剣道二段。著作に、『十二支妖異譚』『解體珍書』『蟲虫双紙』、『幻談水族巻』（工作舎）、『名作古典にでてくる さかなの不思議なむかしばなし』（汐文社）、『現代語訳 近江の説話』（サンライズ出版）、『説話と奇談でめぐる奈良』（朱鷺書房）、『大山鳴動してネズミ100匹』をはじめとする十二支シリーズ（技報堂出版）、『説話をつれて京都古典漫歩』（京都書房）、『増補版 上方学』（朝日新聞出版）、『おはなしで身につく四字熟語』（毎日新聞社）、『子どもが夢中になる「ことわざ」のお話100』（PHP研究所）、『古典とあそぼう』シリーズ（子どもの未来社）、『しんとく丸の栄光と悲惨』（批評社）、『おもしろ日本古典ばなし115』（子どもの未来社）、『にんげん百物語 誰も知らない からだの不思議』（技報堂出版）、『小野小町は舞う 古典文学・芸能に遊ぶ妖蝶』（東方出版）、『鬼・雷神・陰陽師 古典芸能でよみとく闇の世界』（PHP研究所）等がある。著作は本作で四十一冊にのぼる。 http://www7a.biglobe.ne.jp/~getsuei99

十二支《じゅうにし》外伝《がいでん》

発行日——二〇二二年一一月二〇日発行
著者（編・現代語訳）——福井栄一
編集——米澤敬
エディトリアル・デザイン——佐藤ちひろ
印刷・製本——シナノ印刷株式会社
発行者——岡田澄江
発行——工作舎　editorial corporation for human becoming
〒169-0072　東京都新宿区大久保2-4-12　新宿ラムダックスビル12F
phone：03-5155-8940　fax：03-5155-8941
URL：www.kousakusha.co.jp
e-mail：saturn@kousakusha.co.jp
ISBN978-4-87502-550-4